essentials

essentials liefern aktuelles Wissen in konzentrierter Form. Die Essenz dessen, worauf es als „State-of-the-Art" in der gegenwärtigen Fachdiskussion oder in der Praxis ankommt. *essentials* informieren schnell, unkompliziert und verständlich

- als Einführung in ein aktuelles Thema aus Ihrem Fachgebiet
- als Einstieg in ein für Sie noch unbekanntes Themenfeld
- als Einblick, um zum Thema mitreden zu können

Die Bücher in elektronischer und gedruckter Form bringen das Fachwissen von Springerautor*innen kompakt zur Darstellung. Sie sind besonders für die Nutzung als eBook auf Tablet-PCs, eBook-Readern und Smartphones geeignet. *essentials* sind Wissensbausteine aus den Wirtschafts-, Sozial- und Geisteswissenschaften, aus Technik und Naturwissenschaften sowie aus Medizin, Psychologie und Gesundheitsberufen. Von renommierten Autor*innen aller Springer-Verlagsmarken.

Weitere Bände in der Reihe http://www.springer.com/series/13088

Cordula Roemer

Abenteuerlustig & Hochsensibel

Wie Sie als extravertierter Hochsensibler gut leben können

Cordula Roemer
Eberswalde, Deutschland

ISSN 2197-6708   ISSN 2197-6716 (electronic)
essentials
ISBN 978-3-658-35073-4   ISBN 978-3-658-35074-1 (eBook)
https://doi.org/10.1007/978-3-658-35074-1

Die Deutsche Nationalbibliothek verzeichnet diese Publikation in der Deutschen Nationalbibliografie; detaillierte bibliografische Daten sind im Internet über http://dnb.d-nb.de abrufbar.

Lektorat: Marion Krämer
Springer ist ein Imprint der eingetragenen Gesellschaft Springer Fachmedien Wiesbaden GmbH und ist ein Teil von Springer Nature.
Die Anschrift der Gesellschaft ist: Abraham-Lincoln-Str. 46, 65189 Wiesbaden, Germany

Was Sie in diesem Buch finden können

- Kurzbeschreibungen der Phänomene: Hochsensibilität, Hochbegabung sowie der Scanner-Persönlichkeit
- Theoretischer Diskurs über verschiedene mögliche Ursachen der Extraversion bei hochsensiblen Menschen
- Tipps und Tricks, um sich mit Ihrem vielseitigen Wesen möglichst gut in allen Lebensbereichen wohlzufühlen

Danksagung

Sich einem Thema zu widmen, das offene Fragen beinhaltet und zugleich aufwirft, ist immer ein bisschen – nun ja, aufregend. Umso mehr danke ich von Herzen all jenen, die mir mit ihren Gedanken, Fragen und ihrer Bestärkung geholfen haben, dieses Buch zu schreiben.

Wie schon erwähnt war Dr. Sandra Konrad jene, die mich zum kritischen Hinterfragen einlud. In etlichen Gesprächen rangen wir gemeinsam um die Lösung der Grundfrage dieses Buches, ohne jedoch eine eindeutige Antwort bei der vorliegenden Komplexität festlegen zu können.

Den Fragen gab Dr. T. Cooper einige Antworten, die mir zu mehr Klarheit verhalfen.

Auch Manja Jacob, Traumapädagogin, war und ist eine wichtige Wegbegleiterin, die mit ihrem Knowhow aus der Trauma- und Empathiearbeit viele Erkenntnisse und gute Einblicke in die vielfältige Welt extravertierter Menschen eingebracht hat.

Meinen Kolleginnen Anja Deppe, Lena Keppler und Ief Parsch danke ich sehr für ihre mentale und emotionale Unterstützung und Lena für ihr immer wieder erfrischendes Querdenken und neue Inspirationen.

Auch danke ich jenen guten Geistern, die ein schützendes Auge auf den Stil und die Rechtschreibung warfen: Pebbles, Christine und Manja.

Abschließend möchte ich auch meinem Verlag einen großen Dank für seine Geduld aussprechen, mein Buch trotz meiner unerwartet langen Schreibpause wiederbelebt zu haben, sodass Sie es nun – hoffentlich – glücklich und ein wenig schlauer in Ihren Händen oder auf Ihrem Tablet halten können.

Über dieses Buch

Dieses Buch ist in zwei Teile aufgegliedert.

Falls Sie unsicher sind, ob Sie zur beschriebenen Personengruppe gehören, lade ich Sie im ersten Teil im Abschnitt *Fragebogen HSP/HSS* ein, E. Aron's Fragebogen und einige Fragen meinerseits zu beantworten. Hier können Sie erste Anhaltspunkte Ihrer eigenen Verbindung zu diesem Thema entdecken.

Meine kritische Auseinandersetzung finden Sie anschließend in den Abschnitten *Ein Phänomen der Zeit und Epilog.* Dort stelle ich Ihnen neben dem Persönlichkeitsmerkmal des „Sensation Seeking" weitere mögliche Persönlichkeitsmerkmale und psychologische Aspekte vor, die zu einem extravertierten Verhalten und Empfinden führen können.

Im zweiten Teil des Buches finden Sie hilfreiche Tipps & Tricks, um als hochsensibler Mensch mit einer – wie auch immer bezeichneten – extravertierten Ausrichtung sich selbst zu stärken, in Ihre Mitte zu kommen und sich so, wie Sie sind, wohl zu fühlen.

Vielleicht stellen Sie sich als feinsinniger Mensch Fragen wie:
„Wie gehe ich mit diesem Phänomen um? Was mache ich bloß mit dieser Vielfalt? Was kann mir helfen, mich mit mir und meinem Wesen wohler zu fühlen? Wie vermeide ich typische Schwierigkeiten im Kontakt?"

Diesen Fragen ist der zweite Teil des Buches gewidmet. Allerdings kann diese Veröffentlichung dem Bedürfnis nach umfangreichen Hilfestellungen nicht in Gänze gerecht werden. Daher finden Sie am Ende des Buches eine Auflistung nützlicher und wichtiger Links. Auch ersetzt die Lektüre dieses Buches keine möglicherweise notwendige ärztliche oder psychologische Behandlung. Jedoch kann das Buch eine Hilfestellung darin sein, gegebenenfalls eine solche Notwendigkeit zu erkennen.

Genderhinweis

Im Alltag achte ich sehr auf die entsprechende geschlechtliche Wortwahl. Dies respektiert meines Erachtens auch bewusst die weibliche Seite unseres Lebens. Allerdings ist dies beim geschriebenen Wort nicht so einfach und die Berücksichtigung beider Geschlechter führt leider häufig zu einer schlechteren Lesbarkeit. Daher habe ich mich überwiegend für die traditionelle männliche Schreibweise entschieden.

Einleitung

Wenn Du nicht weißt,

was ein Extravertierter denkt,

hast Du nicht zugehört.

Wenn Du nicht weißt,

was ein Introvertierter denkt,

hast Du nicht nachgefragt.

Jack Falt

Lieben Sie es, viele verschiedene Dinge zu tun? Mögen Sie die Abwechslung und das Neue und sind vielseitig interessiert? Bemerken Sie trotz Ihrer Agilität kleinste Nuancen und unterschiedlichste Details in Ihrer Umgebung oder in sich selbst? Sind Sie gerne unter Menschen? Und fühlen Sie sich in tiefgründigen Gesprächen und mit komplexen Aufgaben besonders wohl, geraten aber schnell in eine Überreizung und sehnen sich dann nach Ruhe und Rückzug? Dann gehören Sie möglicherweise der Gruppe der sogenannten HSP/HSS an – zumindest nach der Lesart von Fr. Dr. Elaine N. Aron, amerikanische Psychologin und Pionierin in Sachen Hochsensibilität der Neuzeit.

Im Rahmen der Offenen HSP-Treffen für hochsensible Menschen in Berlin, die ich seit 2009 leite, entstanden im Laufe der Jahre immer häufiger Gesprächsrunden zu dem Thema HSP/HSS.

Nachdem ich anfangs diese Bezeichnung unbesehen übernommen hatte, kamen mir nach und nach im Zuge vieler Gespräche mit jenen HSP/HSS zunehmend

Zweifel, da sich mein Blick für die angrenzenden Einflüsse auf eine Hochsensibilität verfeinerte. Das Zünglein an der Waage, dieses Thema etwas differenzierter zu betrachten, war die deutsche Psychologin und Forscherin Dr. Sandra Konrad. Sie forschte in den Jahren 2013–2019 an der Hamburger Helmut-Schmidt-Universität zum Thema Hochsensibilität. Sie war diejenige, die mich bereits 2017 mit dem Gedanken konfrontierte, dass das von E. Aron entworfene Konstrukt der HSP/HSS möglicherweise nicht stimmig sei. Ihre bisherigen kontroversen Forschungsergebnisse zu diesem Thema stellte sie mir im Frühjahr 2020 in einem inspirierenden und konstruktiven Austausch vor.

Das Menschsein wartet mit mannigfaltigen Facetten auf. Manche sind uns geläufig, andere werfen Fragen oder Irritationen auf. Einigen Überlegungen bezüglich hochsensibel-extravertierter Menschen möchte ich in meinem Diskurs nachgehen und unterschiedliche Blickwinkel einnehmen. Hierzu erläutere ich jedoch vorab kurz, was sich hinter den Abkürzungen, die Sie auch in anderen Veröffentlichungen wiederfinden, verbirgt:

HSP steht für **H**ighly **S**ensitive **P**erson
HSS steht für **H**igh **S**ensation **S**eeking

In den Abschnitten *Hochsensibilität* sowie *Sensation Seeking* finden Sie genauere Erläuterungen zu den beiden Begrifflichkeiten.

Um die komplexen Inhalte des Lebens zu verstehen, nutzen wir Menschen Kategorien. So ist auch die Bezeichnung HSP/HSS eine solche. Hin und wieder sträuben sich Menschen gegen Klassifizierungen, möchten sich nicht in einer Schublade verortet sehen. Warum aber verwenden wir Klassifizierungen, wenn wir sie doch nicht unbedingt mögen? Nun, zum Einen weil wir uns selbst als nicht so einfach und kategorisch empfinden, wie es anhand einer Kategorie zu sein scheint. Zum Anderen arbeitet unser Gehirn in Kategorien. Dies tut es, um Zuordnungen, Zugriffe oder inhaltliches Verständnis, also Arbeitsprozesse zu optimieren. Kategorisierung ist ein Prozess der Effizienz. Wir wenden ihn alle und täglich an. Ob es Automarken sind, die Kategorie der Milchprodukte, Krankheitsklassifizierungen oder die Gruppe der Sachbücher, wie dieses Vorliegende hier.

Welche Relevanz hat es jedoch, wie ich „das Kind nenne", in welcher Kategorie ich ein Phänomen verorte? Es ermöglicht Ihnen ein schnelles Verständnis der Inhalte. Es ist sozusagen eine Inhaltsangabe in einem Wort. Das ist effizient. Wenn allerdings in der Inhaltsangabe und somit auch im Inhalt der Kategorie manche Fakten oder Überlegungen nicht aufgeführt, überholt oder fachlich unsauber sind, kann es zu verwirrenden Unklarheiten führen. Dies ist im Falle der Kategorie HSP/HSS aus meiner Sicht der Fall.

In diesem Sinne möchte ich Sie mit diesem Buch einladen, Ihre bisherigen Kenntnisse, Eindrücke und auch wissenschaftlichen Annahmen in Bezug auf extravertierte hochsensible Menschen zu überdenken und möglicherweise zu erweitern.

Inhaltsverzeichnis

Teil I
HSP/HSS – Hochsensible mit oder ohne Thrill?

Sie sind sich nicht sicher, ob Sie zu dieser Gruppe hochsensibler Menschen gehören? Dann mag es für Sie hilfreich sein, sich vorab mit E. Aron's Fragebogen zu befassen. Wie alle Selbstauskünfte bietet auch dieser Test hier die Möglichkeit einer vertiefenden eigenen Einschätzung, ist aber keine offizielle Feststellung. Die HSP/HSS-Scale von Aron wird in Deutschland, anders als in den USA, nicht als Diagnosewerkzeug angewendet. Wissenschaftlich evaluierte Tests stehen derzeit zu diesem Thema leider noch aus.

Durch die folgenden Fragen und deren Beantwortung können Sie eine Tendenz in Bezug auf Ihre Neigung zu HSP/HSS erkennen, sowie mehr über sich, Ihre Bedürfnisse, Ihre Grenzen und Ihre Gaben erfahren. Auch mag es recht aufschlussreich sein, den Fragebogen von einer Person Ihres Vertrauens in Bezug auf Sie ausfüllen zu lassen. So erhalten Sie zu Ihrem eigenen Selbstbild noch ein Fremdbild, welches ebenfalls sehr erhellend sein kann.

Beantworten Sie die Fragen bitte zügig mit JA oder NEIN. Auch wenn sich die Antworten nicht immer eindeutig bestimmen lassen, schauen Sie, in welche Richtung Sie *in der Regel tendieren*.

Fragebogen E. Aron HSP/HSS

1. Ich habe meist viele Ideen.
2. Ich bin vielseitig interessiert.
3. Ich bin schnell begeisterungsfähig.
4. Ich begeistere gerne andere Menschen von dem, was mich interessiert.
5. In manchen Gesprächen langweile ich mich sehr schnell.
6. Ich erkunde gerne neue, mir unbekannte Orte oder Bereiche.
7. Ich übe gerne einen aufregenden Sport aus, will aber sicher gehen, dass möglichst nichts dabei passiert.
8. Ich bin perfektionistisch.
9. Häufig bin ich mit meiner Leistung unzufrieden.
10. Ich neige zu ungewöhnlichen Lösungen.
11. In Gruppen oder Teams bin ich oft der „Vordenker".
12. Häufig bin ich der Macher in der Runde (z. B. „Wer schreibt das Protokoll?" u. ä.).
13. Ich werde unruhig, wenn ich zu lange Zuhause bin.

© Springer Fachmedien Wiesbaden GmbH, ein Teil von Springer Nature 2021
C. Roemer, *Abenteuerlustig & Hochsensibel*, essentials,
https://doi.org/10.1007/978-3-658-35074-1_1

14. Ich bin eher Visionär als Traditionalist.
15. Mir wird schnell langweilig.
16. Oft kann ich mich nicht zwischen Aktivität und Ausruhen entscheiden.
17. Es kommt immer wieder vor, dass ich schlagartig tief erschöpft bin.
18. Ich hatte schon mal ein Burnout.
19. Ich habe viele Selbstzweifel.
20. Ich bin gerne unter Menschen, aber es wird mir schnell zu viel.
21. Meine eigenen Bedürfnisse stelle ich meist hinten an.
22. Wenn mir etwas Ungewöhnliches auffällt, möchte ich es erkunden oder ausprobieren.
23. Ich warte ungerne, wenn ich nichts (dabei) zu tun habe.
24. Andere Menschen empfinden mich oft als zu schnell oder zu anstrengend.
25. Ich verbringe ungern jeden Tag mit den gleichen Leuten.
26. Meine Freunde bezeichnen mich als spontan oder sprunghaft.
27. Wenn möglich vermeide ich Alltagsroutine.
28. Ich bin eher ein Forscher als ein Routinier.
29. Ich habe ein großes Harmoniebedürfnis.
30. Ich neige dazu, eher meiner aktiven als meiner ruhigen, introvertierten Seite den Vorzug zu geben.
31. Ich handle vor lauter Begeisterung auch schon mal überstürzt.
32. Kunst und ästhetische Momente können mir intensive Erlebnisse verschaffen.
33. Ich mag Menschen, die mich zu überraschen wissen (in ihrem Wesen und Handeln).
34. Ich würde bewusstseinsverändernde Medikamente oder Drogen nehmen, wenn ich sicher wäre, dass es keine nachteiligen Auswirkungen hätte (Risiko minimieren)

Wenn Sie die Hälfte oder mehr der 34 Fragen positiv beantwortet haben, sind Sie, laut E. Aron, möglicherweise ein HSP/HSS.

Um Ihren Eindruck noch zu vertiefen, können Sie gerne in dem von mir entwickelten Ergänzungs-Fragebogen einige weitere Fragen beantworten. Auch hier gilt es, wiederkehrende Tendenzen einzuschätzen.

Ergänzungs-Fragebogen Cordula Roemer

1. Ich brauche in regelmäßigen Abständen einen Adrenalin-Kick (Aufregungs-Rausch z. B. risikoreiche Sportart, Börse, heftige Streits etc.):

   ☐ täglich   ☐ mehrmals /Woche   ☐ 1x/Woche
   ☐ 1-2x/Monat   ☐ sehr selten   ☐ nie

2. Ich gehe dabei durchaus ein *un*kalkulierbares Risiko ein (denke nicht wirklich über die Konsequenzen nach):

   ☐ nie   ☐ manchmal   ☐ häufiger   ☐ ständig

3. Ich gehe dabei ein kalkulierbares Risiko ein (schätze erst ab und handle dann):

   ☐ nie   ☐ manchmal   ☐ häufiger   ☐ ständig

4. Ich brauche mich geistig stark anregende Kontakte zu anderen Menschen:

   ☐ täglich   ☐ mehrmals /Woche   ☐ 1x/Woche
   ☐ 1-2x/im Monat   ☐ sehr selten   ☐ nie

5. Ich brauche Zeiten für mich alleine, ohne Kontakt zu anderen Menschen:

   ☐ täglich   ☐ mehrmals /Woche   ☐ 1x/Woche
   ☐ 1-2x/im Monat   ☐ sehr selten   ☐ nie

6. Ich liebe geistige Anregung und neue Informationen

   ☐ Gar nicht   ☐ manchmal   ☐ häufiger   ☐ ständig

7. Ich „scanne" meine Umgebung, weil:

   ☐ Ich nicht anders kann   ☐ Ich so neugierig bin
   ☐ Ich wissen will, was vor sich geht/passiert
   ☐ Ich Angst/Ängste habe und mich damit schütze
   ☐ Anderes ....

8. Mir wird schnell langweilig

   ☐ Nie   ☐ selten   ☐ manchmal
   ☐ häufiger   ☐ ständig

9. Wenn mir langweilig ist, dann:

☐   Suche ich Abwechslung im Außen
☐   Suche ich Kontakt zu meinem Inneren
☐   Werde ich kreativ und gestalte etwas
☐   Bleibe ich passiv und langweile mich weiter
☐   Lese ich
☐   Höre ich Musik
☐   Nehme ich Kontakt zu Freunden/Bekannten auf

Ganz im Sinne der „Erfahrungswissenschaft" – jener Wissenschaft, die über die Beobachtung der Dinge und Geschehnisse zu Erkenntnissen gelangt – werden Sie erkennen können, in welcher Weise die Beschreibung dieser hochsensiblen Untergruppe auch auf Sie zutrifft. Nehmen Sie daher auch Ihre eigene Wahrnehmung ernst!

Inwieweit Ihre Antworten auf HSP/HSS oder andere Phänomene hinweisen, können Ihnen die nun folgenden Abschnitte nach und nach aufschlüsseln. Möglicherweise finden Sie sich auch in mehreren Darstellungen wieder, was nicht verwunderlich wäre, denn etliche Merkmale treten bei unterschiedlichen Ursachen in ähnlicher oder gleicher Weise auf. Generell gilt: je mehr Sie mit sich oder Ihren Wesenszügen hadern, umso genauer sollten Sie schauen, was mögliche Hintergründe sein könnten.

Was ist ein HSP/HSS?

Einst sang Nina Hagen „Es ist alles so schön bunt hier!". Dies könnte ein HSP/HSS gesagt und sich dabei über die Vielfalt und Fülle gefreut haben.

HSP/HSS sind, laut E. Aron, eine Untergruppe der Hochsensiblen von ca. 30 %. Auf den ersten Blick wirken jene Menschen gar nicht so zurückhaltend, empfindsam oder schüchtern wie so manch Hochsensibler, sondern zeigen sich gesellig, neugierig, nach außen gewandt und wagen durchaus auch einmal ein Risiko – wenn auch sehr bedacht und in Sicherheitsfragen gut überprüft. In unserer aktivitätsorientierten Kultur fallen sie daher kaum auf. Allerdings gibt es Anzeichen, die durchaus andere Wesenszüge vermuten lassen können. So sind die Betreffenden unter Umständen schneller überreizt oder erschöpft als ihre normalsensiblen Mitmenschen. Oder sie zeigen Vorsicht und Achtsamkeit, trotz aller Agilität und Neugier.

Weitere Merkmale extravertierter Hochsensibler sind:

- vielseitige Interessen
- gesprächig und gesellig
- viele Freunde und Kontakte
- begeisterungsfähig und begeisternd
- sehr offen für Neues, Eindrücke und Anregungen
- gehen auch Risiken ein, aber mit Bedacht und Vorsicht
- größere Toleranz gegenüber Menschenmengen, Chaos oder im Mittelpunkt einer Situation zu stehen
- schnell von Routine oder einfachen Abläufen gelangweilt
- warten ungerne
- überfordern sich schnell
- unruhig, häufig „auf'm Sprung"
- plötzliche Erschöpfung oder Gereiztheit

© Springer Fachmedien Wiesbaden GmbH, ein Teil von Springer Nature 2021
C. Roemer, *Abenteuerlustig & Hochsensibel*, essentials,
https://doi.org/10.1007/978-3-658-35074-1_2

- unerwartetes Rückzugsbedürfnis, für andere nicht immer nachvollziehbar

Ein HSP/HSS befindet sich fast ständig im Spagat zwischen Aktivität (Extraversion oder sensation seeking) und Rückzug (Introversion). Beide Seiten sind gut ausgeprägt und stehen nur allzu häufig im Konflikt miteinander. Eine oft genutzte Analogie hierfür lautet: mit einem Fuß auf dem Gaspedal, mit dem anderen auf der Bremse: Gehe ich auf die Party oder brauche ich einen ruhigen Abend? Treffe ich mich mit (einer) Freundin(nen) oder gehe ich lieber alleine spazieren? Der österreichische Autor Georg Parlow schreibt dazu:

> „Oft schwanken sie periodisch zwischen Phasen der Extrovertiertheit und des Rückzugs, weil sie im Grunde genommen keine Extrovertierten sind, sondern sowohl extrovertiert als auch introvertiert (...) sind. Wenn beide Systeme stark ausgebildet sind, sehen wir scheinbar sprunghafte und impulsive Menschen, die Dinge anpacken und wieder hinwerfen, ihre Umwelt häufig verwirren und im Extremfall den Eindruck einer gespaltenen Persönlichkeit machen." S. 60

Es wird also deutlich, dass die Verbindung von Extraversion und Hochsensibilität ein recht bewegtes und anstrengendes Leben mit sich bringt.

Nicht zu unterschätzen ist zusätzlich noch die Herausforderung, als ein extravertierter Hochsensibler in einem System zu leben, das Aktivität höher bewertet als Ruhe und Rückzug. Somit kommt zu der bereits vorhandenen Zerrissenheit auch noch der kulturelle Konflikt. Die meisten HSP/HSS entscheiden sich, wie Aron es einmal beschrieb, im Zweifelsfall für die sozial anerkannte aktive Seite in ihnen. So verwundert es nicht, dass extravertierte Hochsensible leicht Gefahr laufen, in ein Burnout zu geraten. Gerade weil die aktive Seite die Angebote des aktiven Lebens so attraktiv findet, sind die Anfänge einer solchen Erschöpfung nur schwer auszumachen.

Wie ich bereits in der Einleitung erwähnte, keimen bei genauerem Blick auf diese spezifische Dynamik Fragen nach der oder den Ursächlichkeiten auf. In den folgenden Abschnitten befasse ich mich daher mit der Darstellung und Gegenüberstellung möglicher anderer Faktoren, die ein solch spezifisches Verhalten und Empfinden ebenfalls erklären könnten.

Hochsensibilität

Falls Sie mit dem Konstrukt der Hochsensibilität noch nicht so vertraut sind, möchte ich hier einige Eckdaten darlegen, anhand derer Sie die weiteren Überlegungen in diesem Buch besser verfolgen können. Wenn Sie tiefer in die Materie einsteigen möchten, finden Sie weitere Buch- und Link-Empfehlungen im Abschnitt *Quellen, Inspirationen und Links.*

Als Hochsensibilität – oder auch Hochsensitivität – wird jenes Phänomen beschrieben, bei dem die betreffenden Menschen deutlich mehr Reize und Informationen wahrnehmen. Vorallem verarbeiten sie Reize intensiver, als dies beim Rest der Menschen der Fall ist. Nach derzeitigem Stand der Wissenschaft sind etwa 20–30 % aller Menschen hochsensibel. Dies trifft auf Frauen und Männer gleichermaßen zu, unabhängig von Kultur oder sozialem Satus. Hochsensibilität ist vererbbar, also eine Disposition und weder eine Störung noch Krankheit. Sie stellt sozusagen eine interessante und nützliche Variation des neuronalen Systems dar.

Verantwortlich dafür ist ein speziell strukturiertes Filtersystem. Es ist darauf ausgerichtet, viele Reize aufzunehmen, sie intensiv zu verarbeiten, um anschließend komplexe und innovative Lösungskonzepte entwerfen zu können.

Im Folgenden finden Sie einige Merkmale, die einerseits direkt aus der Disposition an sich hervorgehen (primäre Merkmale) und andererseits Merkmale, die sich entweder als Bedürfnis aus der Veranlagung heraus bilden oder durch eine ungenügende Berücksichtigung des Phänomens entstehen (sekundäre Merkmale).

Primäre Merkmale

- Detaillierte Wahrnehmung
- Intensive Wahrnehmung von sensorischen Reizen, Stimmungen und Schwingungen (menschlich, technisch)

© Springer Fachmedien Wiesbaden GmbH, ein Teil von Springer Nature 2021
C. Roemer, *Abenteuerlustig & Hochsensibel*, essentials,
https://doi.org/10.1007/978-3-658-35074-1_3

- Komplexes Denken und Handeln
- Starke innere Verarbeitung
- Hohe Kreativität
- Häufig hohe bis sehr hohe Intelligenz
- Ausgeprägter Gerechtigkeitssinn
- Tiefes Bedürfnis nach Sinnhaftigkeit eigenen Handelns und erlebter Situationen
- Starker Hang zu Perfektion
- Meist gut ausgeprägte Intuition
- Achtsame Kommunikation
- Großes Harmoniebedürfnis
- Großes Verantwortungsgefühl
- Gute Vorausschau und Blick für Zusammenhänge
- Stärker an Kooperation als an Konkurrenz orientiert

Sekundäre Merkmale

- Leichte Ablenkbarkeit
- Schnelle Übererregung
- Selbstunsicherheit
- Neigung zu Rückzug
- Lieber wenige, aber gute Freunde
- Neigung zu Ängstlichkeit, Phobien
- Psychisch schneller labil
- Körperliche Empfindsamkeit auf Reize, Medikamente, Nahrungszusatzstoffe u. ä.

Sensation Seeking oder Extraversion – was ist was?

In den folgenden Abschnitten ist viel von Veranlagung und Persönlichkeitsmerkmal die Rede. Dieses leicht zu verwechselnde Begriffspaar möchte ich kurz erläutern:

> **Veranlagung vs. Persönlichkeitsmerkmal**
> Eine *Veranlagung* ist immer genetisch bedingt und von daher in der Regel im Auftreten stabil. Die Veranlagung zeigt sich in der Kindheit in einer bestimmten Weise und ändert sich nicht grundlegend im Erwachsenenalter. Biologische Veranlagungen sind zum Beispiel Haar- oder Augenfarbe, Körpergröße oder Geschlecht. Eine Veranlagung *kann*, muss aber nicht gelebt werden. Jedoch kann die Unterdrückung der Disposition langfristig zu Unwohlsein und Ähnlichem führen.
> Ein *Persönlichkeitsmerkmal* kann sowohl genetisch- als auch prägungsbedingt entstehen. In seinem Auftreten ist es variabler als eine Veranlagung, kann sich also in der Kindheit in der einen Form zeigen, im Erwachsenenalter dann aber in einer anderen.

Bei der Hochsensibilität sprechen wir von einer Veranlagung, bei Extraversion und Sensation Seeking von Persönlichkeitsmerkmalen.

Sensation Seeking

Den Unterschied zwischen Extraversion und Sensation Seeking versuchte ich in einer Korrespondenz mit Dr. Tracy Cooper (USA) zu erfassen, da beide, wie mir auch Cooper bestätigte, leicht und häufig verwechselt werden. Der Psychologe T. Cooper steht in enger Zusammenarbeit mit E. Aron und befasst sich intensiv mit dem Thema Sensation Seeking.

Nach Cooper stellt die Extraversion einen Weg der Realitätsverarbeitung dar, je nach sozialer Interaktion. Das heißt, *wie* gehe ich mit Belangen der Realität um, beispielsweise mit neuen Situationen, Disziplin oder Stress.

Das Sensation Seeking ist ein physikalisch begründetes Konstrukt und steht mit einer Ausschüttung des Wohlfühl-Hormons Dopamin in Verbindung. Es sorgt für das Austarieren des Erregungs- und Stimulationszustandes. Wenn zum Beispiel eine Person über ein relativ geringes initiales Erregungsniveau verfügt (mir ist schnell langweilig), wird sie über entsprechend anregende Außenaktivitäten dieses Niveau anheben können. Verfügt ein Mensch jedoch über ein hohes inneres Erregungsniveau, so wie es bei Hochsensiblen in der Regel der Fall ist, bedarf die Person entsprechend weniger Außenanregung, um sich ausreichend stimuliert zu fühlen.

Der Sensation Seeker wurde Ende der 1960er als ein überaktiver, nonkonformistischer Mensch mit geringerer Selbstkontrolle, sowie mit Zügen antisozialem Verhaltens beschrieben. Auch zeigte sich eine negative Korrelationen zwischen Risiko und Angst. Das heißt, der „echte" Sensation Seeker hat je mehr Risiko umso weniger Angst.

Folgende 5 Aspekte gelten bei Sensation Seeking als zentrale Merkmale:

- Neugier
- Suche nach neuen Erfahrungen
- Vermeidung von Langeweile
- Risiko (ohne Rücksicht auf mögliche Konsequenzen)
- Impulsivität

Wofür stehen diese fünf Merkmale?

Neugier ist ein zutiefst menschliches Verhalten. Bereits das Kleinkind beginnt krabbelnd seine Neugier auf seine Umgebung auszudrücken. Neugier ermöglicht dem Menschen die Erweiterung seines Aktions- und Bezugsradius. Dr. T. Cooper auf seiner Webseite dazu:

> „HSPs können aufgrund ihrer Fähigkeit, Feinheiten vor Anderen zu bemerken, neugierige Personen sein, die immer bis zu einem gewissen Grad erforschen. In meiner Umfrage stimmten 97% der Teilnehmer der Aussage „Ich bin neugierig auf viele Dinge", teils auch nachdrücklich, zu."

Suche nach neuen Erfahrungen steht für die Bereitschaft, neue Erfahrungen und Empfindungen zu erkunden. Hier verweist T. Cooper auf den Unterschied zwischen Hochsensiblen und HSP/HSS, der sich in der Intensität der Suche nach neuen Erfahrungen zeigt. Hochsensible sind durchaus auch an neuen Erfahrungen interessiert, aber die Sensation Seeker unter ihnen verfolgen dieses Bedürfnis deutlich intensiver. Dieser Aspekt findet sich auch in der Definition der Extraversion wieder.

Vermeidung von Langeweile kann durchaus ein Motivator für eine größere Agilität im Außen sein. Gerade weil das hochsensible System für ein hohes Maß an Informationsverarbeitung ausgelegt ist, kann Langeweile, oder auch Unterforderung als sehr unangenehm empfunden und somit vermieden werden.

Risikonahme ohne Rücksicht auf Konsequenzen sorgt für waghalsige Aktivitäten. Hierbei üben negative Auswirkungen im sozialen oder wirtschaftlichen Bereichen keine hemmende Wirkung aus. In der psychologischen Fachliteratur liest sich dies als *signifikant negative Korrelation zwischen Angst und Risikobereitschaft*.

Impulsivität wurde in der jüngeren Vergangenheit als fünftes Element des Persönlichkeitsmerkmals hinzugenommen. Impulsivität wird als ein spontanes, oft auch unbedachtes Verhalten bezeichnet, was von Außenstehenden zuweilen auch als unangemessen oder störend empfunden werden kann. Andererseits ermöglicht Impulsivität rasche Reaktion auf eine akute Situation, was kurzfristige Lösungen oder Veränderungen erwirken kann.

Das konkrete Erscheinungsbild und die offizielle Definition beschreiben M. Roth und P. Hammelstein in ihrem Sammelband *Sensation Seeking* wie folgt:

> „Sie stürzen sich nur an einem Gummiseil befestigt von einem hundert Meter hohen Turm. Auf der Autobahn lassen sie kein noch so waghalsiges Manöver aus. Und alles, was nicht nach Gefahr aussieht, scheint zu langweilen. (…) Sensation Seeking wird von Zuckerman (1994) als ein Persönlichkeitsmerkmal definiert, das sich durch die Suche nach vielfältigen, neuartigen, komplexen und intensiven Empfindungen und Erfahrungen sowie der Bereitschaft, für derartige Erfahrungen physische, soziale, rechtliche und finanzielle Risiken einzugehen, auszeichnet. Es geht hierbei also um die Suche nach dem „Kick" und dem „Thrill""

Nach dieser Beschreibung hätten wir es, laut der Kurzdefinition von Konrad, mit einem Adrenalinjunkie zu tun. Aber inwieweit passt dies mit dem tatsächlichen Verhalten eines extravertierten Hochsensiblen zusammen? Sowohl Cooper, Konrad als auch meine Beobachtungen bestätigen, dass gerade Hochsensible in

diesem Punkt keine sonderlich hohen Ausprägungen haben. Wenn sie Risiken ein-
gehen, dann stets mit der ihnen zueignen Vorsicht, Absicherung und Achtsamkeit.
Wie kommt es also zu der von Aron vorgestellten Typisierung des HSP/HSS?

Im Laufe der letzten knapp sechzig Jahre durchlief die Definition des Merkmals mehrere Phasen, in denen situative Kontext, soziale und kulturelle Kompo-
nenten, die Stärke des individuellen Erregungsniveaus als auch physiologische
Aspekte als beeinflussende Faktoren untersucht wurden. Dadurch hat sich die
Definition des Sensation Seekings aufgeweicht und das typische Merkmal des
waghalsigen Risikonehmens entfiel beziehungsweise verringert sich zunehmend.

Bei der Frage der Messbarkeit stießen die Forscher allerdings nun auf folgende
Problematik. Dazu schreiben Roth und Hammelstein:

> „In den derzeit gebräuchlichen deutschsprachigen Persönlichkeitsinventaren lässt sich
> das Erlebens- und Verhaltensmuster von SS nicht von verwandten, meist breiter gefass-
> ten Konstrukten wie Extraversion oder Offenheit (für neue Erfahrungen) abgrenzen.
> (...) Einzelne der mit dem Konstrukt Sensation Seeking verbundenen Merkmale lassen
> sich also in verschiedenen Skalen identifizieren, ohne dass dieses Inventar explizit auf
> das vorgegebene SS-Konzept zurückgreift. "

Dies bedeutet, dass sich ein extravertiertes Verhalten nicht mehr eindeutig dem
Sensation Seeking zuordnen ließ. Es könnte sich auch um Extraversion oder etwas
ganz anderes handeln.

Mittlerweile bewegen sich neuere Forschungsentwicklungen wieder stärker auf
die Ursprungsdefinition des waghalsigen, risikofreudigen Sensation Seeker zu,
womit ich mich wieder mit meiner Ausgangsfrage konfrontiert sehe: Trägt ein
extravertierter Hochsensibler tatsächlich das Merkmal der Sensation Seeker in
sich?

Warum ist diese Frage aber von Relevanz? Wenn das risikofreudige Verhalten das zentrale Merkmal des Sensation Seekings ist, könnte sich kein einziger
extravertierter HSP damit identifizieren, denn Risiken nehmen Hochsensible, wie
bereits erwähnt, in der Regel nur mit Bedacht und Abwägung auf sich oder andere.
Weit entfernt von Impulsivität und antisozialem Verhalten, sofern sich der Mensch
in einem ausgeglichen Modus befindet.

Sollten andere Aspekte als das Sensation Seeking Ursache extravertierten Verhaltens sein, so können Hinweise auf andere typische Wesensmerkmale oder
psychische Verletzungen in Betracht gezogen werden. Diese Option eröffnet wiederum ein breiteres Spektrum im Verständnis und der Methodik in der Begleitung
oder therapeutischen Unterstützung extravertierter hochsensibler Menschen.

Extraversion

Im vorangegangenen Abschnitt ist die Notwendigkeit der Beachtung des Persönlichkeitsmerkmals der Extraversion deutlich geworden.

Der Begriff Extraversion, erstmals erwähnt 1921 von C. G. Jung, beinhaltet die beiden Pole Introversion und Extraversion. Ein Mensch ist also nicht entweder extravertiert oder nicht extravertiert, sondern er bewegt sich irgendwo zwischen den Polen Introversion (verstärkter Rückzug) und Extraversion. Das ist in etwa so, wie mit dem Hören: der eine Pol wäre die Taubheit, der andere die Hellhörigkeit (ein kleiner Scherz sei mir gestattet).

In der Psychologie spricht man hier von einem Kontinuum oder einer Dimension. Bitte seien Sie nicht verwirrt, wenn Sie diese Begriffe aus anderen Kontexten kennen. Dieses Phänomen ist in der Psychologie häufiger anzutreffen.

Zurück zur Extraversion. Ein Mensch bewegt sich im Rahmen seines Erregungs- oder Stimulationsbedürfnisses somit zwischen diesen beiden Polen.

Extraversion bedeutet, dass das Gehirn von innen heraus über weniger Anregung verfügt und diese stattdessen im Außen sucht. Bei der Introversion ist es genau entgegengesetzt. Das Gehirn verfügt über genügend innere Anregung, wendet sich hierfür also deutlich weniger nach außen. Diesem Unterschied liegt weder eine Wertigkeit noch eine mögliche traumatische Belastung zugrunde. Es ist lediglich eine unterschiedliche Weise, das Stimulationsbedürfnis, je nach Typus der Person, zu regulieren. Im Sinne dieses Merkmals kann ein Mensch daher nicht stark introvertiert und zugleich stark extravertiert sein. Üblich ist es, dass der Organismus versucht, sich zwischen den beiden extremen Polen einzupendeln, um energieraubende Extremzustände zu vermeiden. Dennoch gibt es vereinzelte Situationen oder Lebensphasen, in denen der Mensch tendenziell stärker in die eine oder andere Richtung hin tendiert.

Nach dem Psychologen und Persönlichkeitsforscher Hans Eysenck neigt ein Mensch in seinem Leben jedoch zu einer verhältnismäßig stabilen Grundtendenz. Daher reden wir von einem eher intro- oder einem eher extravertierten Menschen oder auch jenen, die sich hier nicht so eindeutig zuordnen lassen, sich also in der Mitte des Kontinuums befinden.

Um später nachvollziehen zu können, worin sich die Extraversion vom Sensation Seeking unterscheidet, stelle ich die fünf Bestandteile der Extraversion, auch bekannt als „Big five", vor:

Extraversion: Neigung zu Geselligkeit, Optimismus, Aktionsfreude bis hin zu Risikooffenheit. Gegenpol Introversion: Neigung zu Rückzug, Zurückhaltung

Offenheit für Erfahrungen: Interesse an neuen Erfahrungen, Aufgeschlossenheit, Wissbegierde

Verträglichkeit: das Maß der Kooperationsbereitschaft, Rücksichtnahme, Altruismus und Nachgiebigkeit

Gewissenhaftigkeit: Neigung zu Disziplin, Perfektion, Zuverlässigkeit und Leistungsbereitschaft

Neurotizismus: die Neigung zu emotionaler Labilität, Nervosität, Stressempfänglichkeit, Besorgtheit oder Ängstlichkeit. Ein hoher Wert kann ein Hinweis darauf sein, dass der Mensch leichter zu psychischen Belastungen oder Erkrankungen neigt, ein niedriger Wert weist auf eine emotionale Stabilität hin.

Die einzelnen Facetten der Extraversion beziehungsweise des *Big Five* zeigen sich in ihren extremen Polen wie folgt:

Merkmal	Stark ausgeprägt	Schwach ausgeprägt
Offenheit für neue Erfahrungen	Erfinderisch, neugierig	Konservativ, vorsichtig
Gewissenhaftigkeit	Effektiv, organisiert	Unbekümmert, nachlässig
Extraversion	Gesellig	Zurückhaltend, reserviert
Verträglichkeit	Kooperativ, freundlich, mitfühlend	Wettbewerbsorientiert, antagonistisch
Neurotizismus	Emotional, verletzlich	Selbstsicher, ruhig

aus: www.wikipedia.com

Eine Hochsensible erläutert mir ihr extravertiertes Bedürfnis und Verhalten wie folgt:

„Es geht mir um die Neugier. Darum, Erfahrungen zu sammeln. Es geht nicht darum, extravertiert auf der Bühne zu stehen, ständig im Rampenlicht. Wenn meine Neugier befriedigt ist, kippt das Bedürfnis und ich ziehe mich zurück. Das ist mir wichtig, weil ich mich dann auf mich konzentriere und die Sachen verarbeite."

Unterschied zwischen Extraversion und Sensation Seeking?

In den vorangegangenen Abschnitten ist erkennbar geworden, dass die beiden Persönlichkeitsmerkmale durchaus einige Parallelen aufweisen. Für einen besseren Überblick hier nochmals die jeweiligen Merkmale in einer Tabelle:

Extraversion	Sensation Seeking
• *Extraversion:* Anregung durch äußere/innere Anregung	• *Neugier:* Anregung durch äußere/innere Erfahrungen
• Offenheit für Erfahrungen	• Suche nach neuen Erfahrungen
• *Gewissenhaftigkeit: Disziplin, Perfektion, Zuverlässigkeit*	• Vermeidung von Langeweile
• Bedingte Risikobereitschaft bei Extraversion (nicht waghalsiges Risiko)	• *Risikobereitschaft,* (ohne Rück-sicht auf mögliche Konsequenzen)
• *Verträglichkeit: Kooperations-bereitschaft, Rücksichtnahme*	• Impulsivität: spontanes Reagieren
• Neurotizismus: emotionale Labilität, Nervosität	

Einige Merkmale, die Sie in einer Zeile sehen, haben Parallelen. Sie sind Bestandteil sowohl des einen als auch des anderen Persönlichkeitsmerkmals. Wo Sie keine Entsprechung finden, ist der jeweilige Aspekt nicht Teil der Merkmals-definition oder Teil eines anderen Merkmals wie beispielsweise ‚Vermeidung von Langeweile' Teil der Extraversion ist. Vielleicht können Sie bereits anhand der verkürzten Gegenüberstellung einen Eindruck gewinnen, welches Merkmal besser oder weniger gut mit einer hochsensiblen Veranlagung vereinbar scheint.

Um Ihren Eindruck noch ein wenig zu vertiefen, finden Sie hier eine weitere Übersicht. Diese zeigt auf, welche Auswirkung das jeweilige Merkmal auf die Aktionsdynamik eines hochsensiblen Menschen haben kann.

Extraversion	Hochsensibilität (HS)
Offenheit	Unterschiedlich: Hoch, weil das sensitive System viel Information nutzen möchte; Niedrig, weil das neuronale System über genügend innere oder wahrgenommene Informationen verfügt
Gewissenhaftigkeit	Tendenziell hoch, weil Perfektion u. ä. in der HS ein zentrales Merkmal zur Schaffung von Harmonie ist
Extraversion	Unterschiedlich: bei Introvertierten niedrig, bei Extravertierten hoch
Verträglichkeit	Tendenziell hoch, da Rücksichtnahme oder Empathie zu harmonischerem Miteinander führt
Neurotizismus	Tendenziell hoch, da häufig erfahrene Ablehnung oder unstimmige Lebensbedingungen den Selbstwert verringert
Sensation Seeking	**Hochsensibilität (HS)**

Neugier	Tendenziell hoch, weil das sensitive System viel Information nutzen möchte
Suche nach neuen Erfahrungen	Unterschiedlich: Hoch, weil das sensitive System viel Information nutzen möchte; Niedrig, weil das neuronale System über genügend innere Informationen verfügt (Introversion)
Vermeidung von Langeweile	Tendenziell hoch, da das HS-System für komplexe Aufgaben/Lösungen geschaffen ist und Langeweile es unterfordert
Risiko (waghalsig)	Tendenziell niedrig, da Risiko – wenn nötig – i. d. R. abgewogen und abgesichert wird

Sie sehen, dass ein extravertierter Hochsensibler durchaus alle Aspekte der Extraversion in hohem Maße erfüllen kann, gleichzeitig ist der zentrale Risikoaspekt des Sensation Seekers jedoch niedrig ausgeprägt. Andere Eigenschaften des Sensation Seekings finden sich überwiegend auch in der Beschreibung der Extraversion wieder, sind also nicht zwingend ausschließlich über das Phänomen des Sensation Seekings erklärbar.

Daher darf an dieser Stelle die Frage gestellt werden, ob es sich bei extravertierten Hochsensiblen tatsächlich nicht vielmehr um eine extravertierte Ausprägung handelt als um Sensation Seeking?

Interessant in diesem Kontext ist noch die Frage, ob denn bei hoher Ausprägung von Sensation Seeking oder Extraversion tatsächlich *parallel* überhaupt eine Hochsensibilität vorliegen kann. Sowohl Konrad als auch Cooper bestätigen beide, dass die Sensibilitätswerte in diesem Zusammenhang offenbar sinken! Und wenn keine Hochsensibilität vorliegen sollte, was vermittelt dann den Eindruck einer hohen Sensibilität oder Sensitivität? Oder andersherum: Was lässt einen hochsensiblen Menschen extravertiert erscheinen, wenn eine gut nachvollziehbare Hochsensibilität vorliegt?

Die Beantwortung dieser Fragen kann leider weder von mir, noch im Rahmen dieser Veröffentlichung geleistet werden. Sie stellen aber meines Erachtens eine gute Möglichkeit für eine wissenschaftliche Untersuchung dar.

Was ist eine Scannerpersönlichkeit? 5

Eine weitere Typisierung, die sich mit extravertiertem Verhalten befasst, stellt die amerikanische Autorin Barbara Sher vor. Sie bezeichnet Menschen mit vielseitigen, auch gegensätzlichen Interessen – und durchaus auch Gaben – als „Scanner" und spricht dabei häufig von den Viel- oder Multibegabten. Wie das technische Gerät so scannen auch die Betreffenden ihre Umwelt ab, um ihr inneres Bedürfnis nach Abwechslung, vielfältigem Ausdruck und Veränderlichkeit im Handeln und Empfinden gerecht zu werden. Sher's großes Augenmerk liegt dabei auf der Haltung, die Neigung zu mannigfaltigen Interessen und Talenten als positiven Wesenszug mancher Menschen zu berücksichtigen.

Typische Merkmale können sein:

- ‚Tausend' Interessen
- Verlieren schnell die Lust an Dingen
- Benötigen viel Abwechslung
- Beenden ungern ein begonnenes Projekt
- Mögen es nicht, etwas zweimal zu tun
- Entscheidungsschwierigkeiten – weil es so viel ist
- Legen sich ungern fest
- Sind zufrieden, wenn sie viele Dinge gleichzeitig tun
- Mit einem Beruf ist das Leben öde
- Angst, etwas Spannenderes, Besseres zu verpassen
- Lieben es, aktiv zu sein

Der Ansatz von Sher verfolgt weniger, die möglichen Persönlichkeitsmerkmale oder Ursachen der entsprechenden Verhaltensweisen zu ergründen. Vielmehr geht es ihr um eine positive Einstellung zu dem was ist, ganz gleich, wie es entstanden ist. Daher ist Sher's Ansatz meines Erachtens sehr hilfreich für alle praktischen

C. Roemer, *Abenteuerlustig & Hochsensibel*, essentials,
https://doi.org/10.1007/978-3-658-35074-1_5

Belange. Ihre Bücher sind gute Ratgeber, auch rund um das Thema Selbstwert und Identität.

Birgit Trappmann-Korr, deutsche Psychologin und Verhaltenswissenschaftlerin, hebt die Scannerpersönlichkeit nochmals deutlich von einer Extraversion oder dem Sensation Seeking ab. Sie beschreibt Scanner nicht nur als Vielbegabte, sondern als Menschen mit einer außergewöhnlichen Begeisterungsfähigkeit, extremer Neugier und einem schier unendlichen Elan, dreißig Dinge gleichzeitig zu tun.

„Scanner sind Vielbegabte und dies bringt nun einen zusätzlichen Faktor ins Spiel: die Hochbegabung. Scanner „nur" mit einem ausgeprägten Verhaltensaktivierungssystem (BAS) zu erklären, geht m.E. am Thema vorbei, denn die extreme Neugier von Scannern resultiert aus der Neugier eines Hochbegabten."

Diesen Ansatz von B. Trappmann-Korr halte ich für sehr aufschlussreich. Auch anhand meiner konkreten Erfahrungen kann ich sagen, dass die Hochbegabung in der Verhaltensdynamik eine spürbar höhere Agilität zeigt.

Hochbegabung

6

Im Reigen der neueren Persönlichkeitsmerkmale und Veranlagungen ist die Hochbegabung auf der Bühne der Wissenschaften bereits eine alte Bekannte. Daher werde ich nur einige, für die Thematik des Buches relevanten Punkte einbringen und verknüpfen.

Bereits seit einigen Jahrhunderten befassen sich Philosophen, Mediziner und Forscher und Forscherinnen mit diesem Phänomen und seit gut hundert Jahren gibt es mit dem IQ-Test ein Messverfahren, bei dem die kognitive Leistungsfähigkeit eines Menschen erfasst werden kann.

Definiert wird Hochbegabung als eine deutlich über dem Durchschnitt liegende kognitive Leistungsfähigkeit. Jedoch wird der Begriff unterschiedlich verwendet und führt somit zu Missverständnissen. Auch werden Hochbegabungen in Bereichen wie Kunst, Sport, Sozialem oder Medialität nur unzureichend erfasst und dies verzerrt dadurch das Gesamtbild der Anzahl hochbegabter Menschen in unserer Gesellschaft.

Sowohl in meinen Fortbildungen für Pädagog/innen als auch in Einzelberatungen der Eltern ist mir immer wieder aufgefallen, dass den Erwachsenen die typischen Zeichen kindlicher Hochbegabung unbekannt waren und das Kind somit keine entsprechende Förderung erhalten hatte. Dies ist, wie es der amerikanische Hochbegabtenforscher James T. Webb bezeichnet, ein sehr dramatischer Zustand. Fehlt doch dadurch der Gesellschaft das komplexe Repertoire Hochbegabter.

Aber auch eine Testung ist kein Garant auf eine zuverlässige Diagnose. Eine Mutter ließ auf meine Empfehlung hin ihren Sohn testen. Ergebnis: ein IQ von 95 (Sohn hatte keine Lust). Das Verhalten des Kindes, das ich auch selbst erlebt habe, ließ sich mit diesem Wert jedoch nicht in Einklang bringen. Zwei Jahre später ließ die Mutter ihr Kind erneut testen – IQ von 130. Das Schulamt errechnete aus den beiden Ergebnissen den Mittelwert: 112,5! Dem ist nichts mehr hinzuzufügen…

© Springer Fachmedien Wiesbaden GmbH, ein Teil von Springer Nature 2021
C. Roemer, *Abenteuerlustig & Hochsensibel*, essentials,
https://doi.org/10.1007/978-3-658-35074-1_6

Es gibt relativ viele Informationen und Hilfsangebote für Kinder mit Hochbegabung. Aber die Veranlagung endet nicht mit dem Abschließen der Pubertät. So ist es für unerkannte hochbegabte Erwachsene tatsächlich schwierig, mit diesem Thema in Kontakt zu kommen.

Zusätzlich scheuen viele Erwachsene nicht ganz unbegründet den Gang zum IQ-Test. Testet der Test doch das, was in seinem Namen steht: die kognitive Intelligenz. Die hat im Laufe einer unerkannten und daher häufig unglücklichen Schulkarriere leider in der Weise gelitten, dass sich die betreffende Person entweder selbst für dumm hält oder die psychischen Verletzungen einer solchen Verkennung sich hemmend auf die kognitiven Leistungen auswirken.

Daher spürt ein solcher Mensch in sich Wesenszüge und Bedürfnisse, die er jedoch nicht zuordnen kann. Irritation entsteht und die teils unbewusste Suche nach Erklärungen beginnt. In diesem Zusammenhang sind jene Merkmale von Interesse, die zwar zur Hochbegabung gehören, diese aber nicht explizit erkennbar werden lassen. Als da wären:

• Unruhe
• Schnelles Denktempo
• Erhöhte Dynamik in Gesprächen
• Ungeduld
• Punktuell kognitive Hochleistung
• Höchstleistungen in schulisch wenig relevanten Teilbereichen (nähen, basteln, kochen, gärtnern, Soziales etc.)
• Neugier
• Schnelles Erlernen neuer Inhalte
• Autodidaktisches Lernen
• Vielseitige Interessen, die jedoch wieder abgebrochen werden

Sie sehen, es gibt auch hier Eigenschaften, die sich mit einer Extraversion, einem Sensation Seeker oder auch mit einem Scannertypus decken können. Es ist aus meiner Sicht daher sinnvoll, bei der Ergründung extravertierten Verhaltens auch die Option der Hochbegabung zu beachten.

Darüberhinaus können aber auch Faktoren eine Rolle spielen, die jenseits des Menschen selbst liegen: Traumata und der kulturelle Kontext. Deren mögliche Einflussfaktoren auf extravertierte Hochsensible beschreibe ich in den folgenden zwei Abschnitten.

Trauma und Hyperviliganz als weitere Ursachen

7

Jenseits verschiedener Persönlichkeitsmerkmale stellt sich die Frage, ob mögliche emotional-psychische Verletzungen, wie ein Trauma es darstellt, ebenfalls für einen agilen und extravertierten Lebensstil verantwortlich sein können. Hierzu lade ich Sie ein, einen kurzen Blick auf das Phänomen Traumatisierung zu werfen.

Trauma wird in zwei Kategorien unterschieden:

1. ein singulär auftretendes Schocktrauma, wie zum Beispiel (sexualisierte) Gewalt oder Unfall.
2. Ein Entwicklungstrauma, das sich durch aufsummierende emotionale oder psychische Verletzungen kennzeichnet, wie beispielsweise, Vernachlässigung, emotionale Gewalt oder ungenügende Bindung in der frühen Kindheit.

Bei einem Schocktrauma führt, laut der Stress- und Traumatherapeutin Ute Lörcher, häufig die fehlende emotionale Verarbeitung des Erlebten *nach* dem Schockereignis zum Trauma. Warum ist gerade mir das passiert, warum jetzt oder wie soll ich jetzt nur weiterleben, sind typische Fragen nach der Erfahrung, die, wenn sie nicht adäquat berücksichtigt und behandelt werden, zu den klassischen Traumafolgestörungen führen können.

Anders beim Entwicklungstrauma. Hier entstehen aufgrund sukzessive auftretender frühkindliche Verletzungen wie Misshandlung, Vernachlässigung oder fehlende Bindung bereits in frühen Jahren tiefgreifende emotionale Schädigungen, die der psychische Organismus mit Schutzverhalten, teils auch Verhaltensauffälligkeiten oder Störungen genannt, zu kompensieren sucht.

Generell spielt die emotionale Intensität der Belastung und deren fehlende Bearbeitung eine zentrale Rolle in der Ausprägung eines resultierenden Traumas.

Trauma

Spätestens seit E. Aron wissen wir, dass hochsensible Menschen früher und schneller zu Traumatisierungen neigen. Nicht etwa, weil sie weniger belastbar seien, sondern weil ihre feinen Sinne früher und vermehrt auch unschöner Situation aufnehmen. Gerade fehlende Respektierung des eigenen Wesens in den frühen Lebensjahren kann bei Kindern leicht zu tiefen emotionalen Verletzungen und Identifikationsstörungen mit langjährigen Auswirkungen führen.

Was passiert bei einer solchen Erfahrung im Gehirn? In dem Moment, in dem das Gehirn eine für den Organismus gefährliche Situation „geortet" hat, wie zum Beispiel „Ich bin nicht richtig!" oder „Ich bin nie gut genug!", wird das limbische System, und hier vor allem die Amygdala, als Warngeber, aktiviert. Sie schlägt Alarm, der dazu führt, dass hormonelle und physische Ketten sowie Reaktionsmuster ausgelöst werden. Hierzu gehört auch das Empfinden der Angst als Schutzreaktion und dem dazu gehörigen Stress als Aktivator des Systems.

Wenn jedoch das Alarmsystem nicht die gewünschte Beendigung der Gefahr herbeiführen kann, sondern die traumatisierende Situation sich immer wieder einstellt und damit zu einer Etablierung des Stress führt, schüttet der Körper Cortisol, das Dauerstresshormon aus. Dieses ist, nach E. Aron, bei Hochsensiblen prozentual häufiger als bei Normalsensiblen gemessen worden.

Ist das neuronale System mit Dauerstress belastet, wird es bei jedem, an das ursprünglich traumatisierende Setting erinnernde Erlebnis, erneut unter Stress gesetzt und ist nicht mehr in der Lage, im Erwachsenenmodus zu reagieren. Steht das Frontalhirn unter Stress, reagiert es blockiert und fällt auf frühkindliche und evolutionäre Verhaltens- und Reaktionsmuster zurück.

Folgende Verhaltensweisen können als Traumafolgen auftreten:

- Umgebung ständig scannen – Gefahrensituation einschätzen
- Stimmungen des Gegenüber gut wahrnehmen – Selbstschutz „Was wird die andere Person mir gleich antun?"
- Auf kleinste Details achten – jede Nuance ist Hinweis auf mögliche Gefahr
- Unruhe – auf dem Sprung sein; mich jederzeit schützen müssen/können
- Selbstunsicherheit – ungenügend erfahren zu haben, willkommen, respektiert und geliebt zu sein
- Selbstzweifel – auch Selbstunsicherheit; Zweifel am eigenen Wert und Vermögen
- Ständige Veränderungen –

1. Vermeidung, an den Punkt zu kommen, vermeintliche eigene Mangelhaftigkeit zu offenbaren,

2. ständig auf der Suche nach der tatsächlichen inneren Erfüllung zu sein, blockiert durch Traumaerfahrungen,

3. Permanenter, zu hoher Dauerstresspegel (Cortisol) im Blut aufgrund nicht bearbeiteter Traumaerfahrungen und neuronal gespeichertem Stress.

Hyperviliganz

Ein weiterer Aspekt im Bereich der Traumaforschung ist die Hyperviliganz. Dieser Begriff ist im deutschsprachigen Raum noch recht neu.

Hyperviliganz beschreibt eine, aus traumatischen Erfahrungen resultierende Überwachheit. Da sich die Auswirkungen und Verhaltensweisen dieser Überwachheit stark mit Zügen einer extravertierten Hochsensibilität decken, möchte ich diesen neuen Terminus gerne vorstellen und in die Diskussion einbringen. Anne Heintze hat auf ihrer Seite der Open Mind Academy eine aufschlussreiche Auflistung dargelegt:

- Nervosität, große (innere) Unruhe, Empfinden wie im dauerhaften Fluchtzustand
- Kontakt zum Körper(-Empfinden) verloren
- Intuition verschüttet
- Mangelndes Empfinden eigener Bedürfnisse
- Neigung zu häufiger eigener Überforderung
- Misstrauen zu Menschen und in Beziehungen aufgrund vorangegangener verletzender Erfahrungen (Kindheit)
- Erinnerungslücken bezüglich Kindheit (Abspaltung/Dissoziation schmerzhafter Erfahrungen)
- Drogengebrauch zum Zwecke der Betäubung der schmerzhaften Erinnerungen/Empfindungen
- Vermeidung intensiver angenehmer Gefühle aus Misstrauen heraus oder dem Bild, es „nicht verdient zu haben"

Sie sehen, auch im Feld der Traumatisierung lassen sich etliche Verhaltensweisen, die zuvor im Kontext von Extraversion oder Sensation Seeking aufgezeigt wurden, wiederfinden. Gerade die Punkte ‚Nervosität' und ‚Mangelndes Empfinden eigener Bedürfnisse' können durch Aktivität im Außen kompensiert werden und dadurch leicht einen Eindruck von Extraversion oder Sensation Seeking erwecken.

Somit kann es im Einzelfall de fakto schwierig sein, die eigentlichen Ursachen eines extravertierten Verhaltens bei hochsensiblen Menschen zu erkennen. Hier hilft ein erfahrener psychologischer oder therapeutischer Blick einer Fachkraft, die mit diesen Kombinationen vertraut ist.

Ein Phänomen der Zeit?

8

Den Reigen unseres Blicks auf mögliche Ursachen extravertierten Verhaltens beschließt die derzeitige Gestaltung unserer Kultur.

Inzwischen ist es nichts Neues mehr, dass wir seit Jahren und Jahrzehnten in einer höchst ungesunden Reiz- und Beschleunigungsspirale leben. Alles, was den menschlichen Organismus über Gebühr, das heißt außerhalb eines dem individuellen Empfinden angenehmen und angemessenen Maß, belastet, führt – wie bei einem Entwicklungstrauma – zu längerfristigen Schwierigkeiten und möglichen Schäden.

Welche Auswirkungen diese kulturelle Veränderung auf den Menschen haben, beschreibt der amerikanische Psychologe Richard DeGrandpre sehr treffend in seinem Buch „Die Ritalin-Gesellschaft". Eine Studie verglich Kinder, die von „langsamen" beziehungsweise von „schnellen" Lehrern unterrichtet wurde. Hierbei stellten die Forscher fest, dass die Kinder, die lernten, langsam und sorgfältig Probleme anzugehen, sich signifikant weniger impulsiv zeigten. In der Gruppe der „schnellen Lehrer" zeigte sich, dass übermäßiger Druck und Beschleunigung neben innerem Stress zu mehr Impulsivität führt.

Wenn allein schon die erhöhte Schnelligkeit unserer Kultur zu einem unruhigen und tendenziell über-, beziehungsweise hochaktiven Verhalten führt, wie sehr wird dann ein solches Verhalten noch durch die immens gestiegene Reizflut der letzten Jahrzehnte befeuert? Welchen Belastungen und welchem Druck muss ein hochsensibler Mensch standhalten? So drängt sich die Frage auf, inwieweit ein extravertiertes Verhalten Ergebnis solcher Erfahrungen sein kann. Wenn dies bereits die Kleinsten unter uns prägt, ist es dann nicht auch nachvollziehbar, dass die daraus entwickelten Schutzmechanismen von Unruhe und Ablenkbarkeit und die wiederum daraus resultierenden Handlungen von Suche nach Abwechslung oder Abbruch begonnener Projekte als feste Bestandteile in das Wesen des heranwachsenden Menschen mit einfließen?

© Springer Fachmedien Wiesbaden GmbH, ein Teil von Springer Nature 2021 27
C. Roemer, *Abenteuerlustig & Hochsensibel*, essentials,
https://doi.org/10.1007/978-3-658-35074-1_8

Mit meinen Gedankengängen möchte ich keineswegs die Option der Extraversion oder des Sensation Seeking infrage stellen. Ihnen ist auf jeden Fall auch das Fehlen eines stigmatisierenden oder defizitären Blicks zugute zu halten. Vielmehr möchte ich Sie einladen, die Hintergründe einer extravertierten Lebensweise differenziert zu beleuchten. Und auch nur, wenn sie für Sie einen Konflikt darstellt. Denn nur dann ist es sinnvoll, die Ursachen oder Auslöser eines solchen Lebensstils zu ergründen, um mit geeigneten Mitteln wieder Wege zu einem inneren Lot zu finden. So hilft es einem Menschen nicht wirklich weiter, wenn er seine Schwierigkeiten in der Therapie bearbeitet, ohne zu erkennen, dass sie Teil seiner Veranlagung sind. Ebenso wenig hilft es einem extravertierten Hochsensiblen, die innere Unruhe einem Persönlichkeitsmerkmal zuzuschreiben und dabei möglicherweise vorhandene emotional-psychische Verletzungen oder kulturelle Belastungen zu übersehen.

Epilog

9

Der Mensch ist ein überaus komplexes Wesen und so mancher Ausdrucks- und Verhaltensweise lässt sich nicht immer klar zuordnen, ob externer Auslöser oder innere Disposition und Bedürfnis die entsprechende Ursache dafür ist. Zudem beeinflussen sich innere und äußere Faktoren ständig. Bis zu einem gewissen Grad lassen sich die Puzzleteile wieder voneinander trennen und einzeln betrachten.

Unsere Wissenschaft hat sich in den letzten Jahrhunderten genau darauf spezialisiert. Hierbei hat sie – ganz im holistischen Sinne – inzwischen erkannt, dass in jedem Teilchen viele weitere Teilchen, jedes in sich ein Ganzes, existieren. Dieser Prozess ist wohl endlos.

Nun scheint der Moment gekommen, aus der Perspektive der Puzzleteile den Blick zu heben und wieder auf das, für uns Menschen zu erfassende große Ganze zu schauen – und gegebenenfalls auch darüber hinaus. Was ist überhaupt das große Ganze? Welche Funktion hat es und welche Zusammenhänge bestehen zwischen ihm und einzelnen Puzzleteilen? Erst wenn wir diese Beziehungen erkennen, lassen sich wieder scheinbar sonderbare Einzelteile, sprich ungewöhnliche Bedürfnisse oder Verhaltensweisen, verstehen. Auf den vorangegangenen Seiten habe ich Ihnen einige Puzzleteile und unterschiedliche Blickwinkel zum Phänomen HSP/HSS vorgestellt.

Gerade in der Typisierung des HSP/HSS kommt für mich eine Vermengung verschiedener Aspekte und Ursachen zum Tragen, die aus meiner Sicht in der ausschließlichen Erklärung durch das Sensation Seeking nicht ausreichend differenziert werden.

In diesem Sinne möchte ich Sie einladen, die hier vorgestellten verschiedenen Puzzleteile zu nehmen und sie in den Kontext Ihrer Gesamtpersönlichkeit und Geschichte zu stellen. Wie ungewöhnlich ist es aufgrund Ihrer Vergangenheit oder Ihres Wesens, dass Sie zu Abwechslung, zu willkommener Geselligkeit,

© Springer Fachmedien Wiesbaden GmbH, ein Teil von Springer Nature 2021
C. Roemer, *Abenteuerlustig & Hochsensibel*, essentials,
https://doi.org/10.1007/978-3-658-35074-1_9

regen Veränderungen oder risikofreudigem Verhalten neigen? Was daran berei-
tet Ihnen warum in welcher Form Schwierigkeiten? Oder warum und in welcher
Form ecken Sie zuweilen mit Ihrer Umwelt an? Und vor allem: zu welchen Fähig-
keiten und zu welchem Nutzen in Ihrem Leben führen diese Verhaltensweisen und
Bedürfnisse?

B. Sher hat in ihrem Buch Menschen befragt, worin sie den Gewinn ihrer
Scanner-Persönlichkeit sehen. Eine Frau antwortete, dass sie irgendwann begriffen
hätte, dass sie ständig Neues anfinge und Neues lernte, einfach weil sie in ihrem
Leben lernen will! So einfach kann die Lösung manchmal sein.

Der Prozess der Selbsterkenntnis ist zuweilen herausfordernd und daher
möchte ich Ihnen im zweiten Teil dieses Buches verschiedene Möglichkeiten der
(Selbst-) Stärkung vorstellen. Sie finden Erläuterungen zu verschiedenen Methoden und Ansätzen, die Sie gerne im Internet oder einschlägiger Literatur für sich
vertiefen können. Folgen Sie Ihrem Bauchgefühl und wählen jene Methoden, die
Ihnen im Moment für Ihre derzeitige Frage oder Befindlichkeit zusagen.

Ich wünsche Ihnen dabei viel Spaß!

Teil II
Tipps & Tricks für den Umgang mit sich selbst

„Sich um sich selbst zu kümmern bedeutet,
als Erstes zu lernen, wie man anhält
und nach innen schaut."
Tich Nhat Hanh

Der zweite Teil des Buches ist in verschiedene Kategorien aufgeteilt, in denen Sie jeweils einige Methoden oder Ansätze finden. Im Rahmen des begrenzten Umfangs dieses Buches habe ich jeweils nur einige Methoden sowie den unterstützenden Bezug zum Thema HSP/HSS vorgestellt. Weitere Informationen zu den jeweiligen Ansätzen finden Sie im Internet und in der einschlägigen Literatur.

Neurobiologie und Stoffwechsel 10

Zunehmend erschließt sich uns derzeit die Notwendigkeit, den Stoffwechsel und den neurobiologischen Zustand eines menschlichen Organismus genauer ins Blickfeld zu rücken. Wie bei einem Auto, das nur mit ausreichend Benzin, gutem Öl, dem richtigen Kühlwasser und einem gefüllten Scheibenwassertank gut nutzbar ist, so verhält es sich auch mit unserem Körper. Fehlen ihm wichtige Substanzen, Vitamine oder Nahrungsbestandteile, wird er zunehmend schlechter fahren. Dies hat Auswirkungen auch auf die Psyche, die dann nicht mehr für ein ausgewogenes psychisches Wohlempfinden sorgen kann.

Dr. Roger Ziegler aus der Schweiz befasst sich bereits seit vielen Jahren mit der chinesischen und tibetischen Medizin und hat begonnen, sein Wissen auf die speziellen Bedürfnisse hochsensibler Menschen anzuwenden. So betont er, dass es wichtig ist, immer zuerst das Gehirn als die Schaltstelle neurobiologischer Prozesse zu stärken (,kühlen' in der östliche Sprache) und damit lern- und bewegungsfähig, veränderungs- und therapiefähig zu machen. Das Gehirn wird dadurch wieder regulier- und steuerungsfähig und kann dann sehr schnell und präzise die physischen, emotionalen, mentalen und spirituellen Reize energiesparend sortieren.

Dies kann zum Beispiel durch die Aufnahme von Nahrungsergänzungsmittel und Vitamine erreicht werden.

Es gibt allerdings auch andere heilende Fachkräfte, die um die Notwendigkeit eines ausgewogenen Stoffwechsels wissen und Hilfe anbieten können. Fragen Sie dazu in Ihrem Umfeld nach entsprechenden Erfahrungen und Anlaufadressen.

© Springer Fachmedien Wiesbaden GmbH, ein Teil von Springer Nature 2021
C. Roemer, *Abenteuerlustig & Hochsensibel*, essentials,
https://doi.org/10.1007/978-3-658-35074-1_10

Für die Entspannung

11

Bewusste Pausen

Pausen sind die Tankstellen am Wegesrand! In Rhythmen sind Pausen jene Momente, die den Rhythmus zum Rhythmus formen. Ansonsten wären alle Impulse ein einziger riesiger Ton.

Nutzen Sie die Gestaltungskraft der Pausen für sich. Hier kann Ihr Organismus ruhen und verarbeiten, Neues aus der Tiefe Ihres Unbewussten aufsteigen lassen, um dann mit frischem Elan die nächsten Schritte zu gehen oder die sprießenden Inspirationen aufzugreifen und ins Leben zu tragen.

Eine Pause kann bereits ein kurzes Innehalten sein. Nehmen Sie bewusst drei tiefe Atemzüge – und weiter geht's. Pause ist auch ein Sabbatical. Zeit ist relativ, und so ist auch Ihr Empfinden in Bezug auf die gewünschte Länge einer Pause individuell.

Wie lang oder kurz auch immer Ihre Pause ist, gönnen Sie sich diese Zeit ganz bewusst! Machen Sie sich klar, dass Sie für einen Moment – oder für Monate – aus dem momentanen Handeln heraustreten und Ihrem Körper, Ihrem Geist und Seele Raum geben. Pausen sind ein höchst kreativer Zeitraum, ganz ohne Ihr Handeln!

Bewusstes Atmen

Unser Atem ist unser Lebenselixier. Ohne ihn könnten wir nicht überleben. Und dennoch leiden viele Menschen aufgrund von psychischen oder körperlichen Beschwerden an falscher oder zu flacher Atmung. Dadurch wird der Organismus nicht in optimaler Weise mit Sauerstoff, mit frischer Energie versorgt.

© Springer Fachmedien Wiesbaden GmbH, ein Teil von Springer Nature 2021
C. Roemer, *Abenteuerlustig & Hochsensibel*, essentials,
https://doi.org/10.1007/978-3-658-35074-1_11

In Anlehnung an die „Bewusste Pause" können Sie, gerade wenn Ihr Inneres in Unruhe ist, sich bequem niederlassen und bewusst atmen. Tun Sie nichts weiter, als ohne Druck entspannt ein- und auszuatmen und das Heben und Senken Ihres Brustkorbs oder Rumpfs zu beobachten. Mehr nicht. Auf diese Weise erlangen Sie nicht nur mehr innere Ruhe, sondern auch Ihr Körper wird vermehrt mit genügend Sauerstoff versorgt.

Mittlerweile gibt es auch in Europa viele Atemschulen mit unterschiedlichen Ansätzen. Wenn Sie sich vom Bewussten Atmen angesprochen fühlen, schauen Sie sich in Ihrer Region nach entsprechenden Angeboten um. Viele Techniken sind auch als Selbsthilfe anwendbar. Allerdings lebt und atmet es sich gemeinsam häufig leichter.

Meditation

Meditation hat in den letzten drei, vier Jahrzehnten als Weg zur Entspannung mehr und mehr Einzug in unserer Kultur gehalten. Gerade für die Vielfalt der unterschiedlichen Meditationstechniken und -wege empfinde ich die folgenden zwei Zitate als interessante Anregungen dafür, den eigenen Nutzen und Sinn im Meditieren zu finden.

> Wahrscheinlich versuchst du in Meditation manchmal die innere Unruhe ruhigzustellen. Gegen sie anzukämpfen. Sie zu unterdrücken. (...) Ironischerweise vergrößert genau das die innere Unruhe, Gedanken und Fantasien.
>
> Denn du versuchst einen natürlichen Impuls in dir zu unterdrücken. (...) Das Leben ist voll von dieser kraftvollen Energie. Schöpferischen Lebenskraft. Willenskraft. (...) Meditation bedeutet nicht gegen diesen natürlichen Fluss des Lebens anzukämpfen. (...) Wahre Meditation bedeutet eins damit zu werden.
>
> Aus: Newsletter Frankfurter Ring vom 14.08.2020

B. Marciniak's Erklärung in ihrem Buch „Boten des neuen Morgen" geht noch einen Schritt weiter:

> Wenn ihr euch in einen meditativen Zustand begebt, werdet ihr ein Bild eurer Identität und Wirklichkeit erhalten und Tag für Tag den nächsten Schritt eures Auftrags wissen. Meditation ist ein Zustand der Kommunikation, nicht ein Weg, um irgendwohin abzudriften.

Meditation nicht als Beruhigung sondern als innere Kommunikation? In Zeiten, in denen die äußere Ablenkung und Überreizung derart überhand genommen hat, braucht es tatsächlich Wege, wieder in die Stille zu kommen, um die leisen Stimmen des Inneren und der „Anderswelt" zu vernehmen.

Stille heißt jedoch nicht zwangsläufig Tatenlosigkeit. So gibt es etliche aktive Meditationsformen wie Dynamische Meditation, Kundalini Meditation, Geh-Meditation, Yoga und viele andere.

Typisch für fernöstliche Entspannungs- und Bewegungskünste ist die Verbindung von Körper, Geist und Seele. So werden hierbei Techniken für die unterschiedlichen Bereiche mit einer geistigen und emotionalen Haltung verknüpft. Halten Sie danach Ausschau, denn für das anspruchsvolle Wesen eines HSP/HSS kann eine solche Kombination sehr erfüllend sein.

Phantasie und Körperreise

Eine Körperreise lädt Sie ein, sich in einem entspannten und meditativen Zustand sich Ihres körperlichen Empfindens bewusst zu werden. Dies ist eine gute Möglichkeit, einerseits zur Ruhe zu kommen, andererseits die Signale Ihres Körpers genauer wahrzunehmen und als Hinweise für eigene Bedürfnisse verstehen zu lernen.

Phantasiereisen führen Sie mit Hilfe von Bildern in einen tiefen Entspannungs- oder Trancezustand, in dem Sie sich regenerieren oder Informationen aus Ihrem Inneren oder Höheren Selbst erhalten können.

Da solche Reisen nicht immer und überall in Gruppen oder Einzelsitzungen angeboten werden, können Sie sich zum Beispiel zum Zwecke der inneren Erholung oder zum besseren Einschlafen solche geführten Meditationen auch im Internet herunterladen. Achten Sie jedoch auf sich. Lassen Sie sich auf tiefere Prozesse nur in Begleitung einer dazu ausgebildeten Fachkraft wie Heilpraktiker, Coachs oder Therapeuten ein.

Digitale Abstinenz

Immer mehr Hirnforscher haben uns in den letzten Jahren auf die kritischen Auswirkungen reichhaltigen digitalen Konsums hingewiesen. In neuester Zeit hat sich diese Dynamik notgedrungen noch weiter verstärkt. Allein die vielen visuellen Signale, die über einen Bildschirm abgegeben werden, beanspruchen die

Aufnahme- und Verarbeitungskapazitäten des Gehirns enorm. Gleichzeitig reduzieren sich die direkten zwischenmenschlichen Kontakte und deren nährenden Aspekte. Zu erwähnen sei an dieser Stelle die existenziell wichtige Rolle des Hormons Oxytocin. Man nennt es auch das „Bindungshormon": Besonders reichhaltig wird es bei direktem Haut-zu-Haut-Kontakt ausgeschüttet, aber auch in jeder freundlichen und liebevollen Begegnung. Es sorgt für ein Gefühl der Verbindung zum anderen Menschen und hebt die Stimmung.

Gönnen Sie sich daher bewusst digitale Auszeiten. Schalten Sie das Handy und den Rechner aus, gehen Sie in die Natur, treffen sich für ein persönliches Gespräch oder lesen ein Buch und – umarmen Sie einander! All dies wird Sie neuronal zwar ebenfalls beanspruchen, aber in nährender und ausgleichender Weise. Natur und Bewegung sind zudem bekanntermaßen auch Kraftspender und bauen Stress ab.

Binaurale Beats

Auch in punkto Musik hat die Hirnforschung inzwischen weitere Möglichkeiten der Entspannung und Stärkung entdeckt. Frequenzmusik, auch Binaurale Beats genannt, können emotionale Stimmung und Zustände beeinflussen.

Bereits im Jahr 1839 hat der Physiker Heinrich Wilhelm Dove festgestellt, dass zwei unterschiedliche Frequenzen zeitgleich auf das rechte und das linke Ohr gegeben, zu Schwebungen, zu bestimmten Frequenzen im Gehirn führen. Der Frequenzunterschied beider Signale ist der Binaural Beat.

Unser Gehirn produziert Gehirnwellen, elektromagnetische Wellen. Diese spiegeln, in unterschiedlichen Frequenzen, unsere emotionalen Zustände wider. Ronald Kah, Filmkomponist, beschreibt auf seiner Webseite die fünf unterschiedlichen Frequenzbereiche, deren Wirkungsbereiche sowie die Wirkungen der Binauralen Beats. Liegen bereits positive Resultate vor? Ja, beispielsweise bei Depressionen, zum Zwecke der Entspannung und beim Lernen. Andere Bereiche bedürfen noch weiterer Erfahrungen und Forschung, da auch die kritischen Stimmen offene Fragen hinterlassen.

Machen Sie sich selbst ein Bild davon und schauen, ob es Sie als Entspannungsmöglichkeit anspricht. Was benötigen Sie dafür? Einen Stereo- beziehungsweise Studiokopfhörer und entsprechend Ihres Bedürfnisses binaurale Musik.

Im Hier und Jetzt sein

In der Regel meinen wir, uns im Hier und Jetzt zu befinden, sind jedoch meist mit Vergangenem oder Zukünftigem beschäftigt. Zugegebenermaßen ist der zeitliche Moment des ‚Jetzt' auch tatsächlich äußerst kurz. Es sei denn, wir lernen, das ‚Jetzt' mehr als eine Haltung denn als einen Zeitrahmen zu begreifen.

Eckhard Tolle, berühmter Autor und Bewusstseinslehrer, hat etliche seiner Werke diesem Thema gewidmet. Der etwas verkürzte Grundtenor lautet: lass das Gedankenkarussell ziehen, werde dir bewusst, dass du weder Vergangenheit noch Zukunft verändern kannst, sondern nur den momentanen Augenblick. Dies alles ist nun mal leichter gesagt als getan. Daher gibt es viele Menschen und Schulen, die sich dieser Kunst und Lebenshaltung widmen.

Sie können aber auch schon ‚jetzt' damit anfangen, dort wo Sie sich gerade befinden, bei dem, was Sie gerade tun. Einfache Übungen für das ‚Jetzt' können sein: Achtsamkeit, Meditation, bewusstes Atmen, bewusste Pausen, bewusstes Beobachten des ‚Jetzt' in Raum und Empfindung, Stille aufsuchen und bewusst genießen. Nehmen Sie sich ein, zwei oder auch dreimal am Tag Zeit, innezuhalten und eine der Übungen anzuwenden. Halten Sie den Film des Alltags an, das Rauschen des Gedankenbachs und das Hamsterrad des täglichen Tuns. Je öfter Sie dies tun, um so mehr lernen Sie, tatsächlich im Hier und Jetzt zu sein.

Achtsamkeit

Eine inzwischen berühmte Weisheitsgeschichte aus dem tibetischen Buddhismus verdeutlicht die Aufgabe der Achtsamkeit:

> Ein Zen-Schüler fragt seinen Meister: „Was unterscheidet den Zen-Meister von einem Zen-Schüler?" Der Zen-Meister antwortet: „ Wenn ich gehe, dann gehe ich . Wenn ich esse, dann esse ich. Wenn ich schlafe, dann schlafe ich."
>
> „Wieso? Das mache ich doch auch."
>
> Der Zen-Meister antwortet: „Wenn du gehst, denkst du ans Essen und wenn du isst, dann denkst du ans Schlafen. Wenn du schlafen sollst, denkst du an alles Mögliche. Das ist der Unterschied."

In der Achtsamkeit zu sein heißt, innezuhalten, das Hier und Jetzt mit allen Sinnen wahrzunehmen. Es wird die äußere Betriebsamkeit angehalten und der Blick in aller Ruhe und Wertfreiheit nach innen gerichtet. Den trubeligen extravertierten Hochsensiblen unter uns fällt dies nicht unbedingt leicht. Schnell kommt Langeweile oder innere Unruhe auf.

Neben E. Tolle ist der amerikanische Molekularbiologe Jon Kabat Zinn bekannter Vorreiter der neuen Achtsamkeitsbewegung in Amerika und Europa. Er entwickelte seit 1979 für seine Patienten die Stressbewältigungsmethode Mindfulness-Based Stress Reduction (MBSR), die sich inzwischen großer Beliebtheit und Bekanntheit erfreut.

Natur und Tier

Die Natur ist bekanntermaßen ein unersetzlicher Kraftspender und Ruhepol. Viele Hochsensible spüren dies und suchen bewusst oder unbewusst gerne Naturorte auf oder pflegen Kontakt zu Tieren.

Neben Spaziergängen, Pflege eines eigenen Gartens oder Reisen in die Natur möchte ich eine neue Form des Naturkontakts hervorheben: Das Waldbaden.

Der Trend kommt aus Japan und seine Wirksamkeit ist bereits durch viele Studien belegt. Beim Waldbaden geht es darum, in achtsamer Weise intensiv in den Wald einzutauchen, ihn mit allen Sinnen wahrnehmen, also im „Wald baden". Untersuchungen haben belegt, dass der Aufenthalt im Wald Stress abbaut, den Blutdruck senkt und sich im Menschen Ruhe einstellt.

Ähnlich kann der Kontakt zu Tieren wirken – wenn es eine Tiergattung ist, die zu Ihnen passt. Tiere sind in ihrer Kommunikation klar und direkt. Sie verfälschen nicht, manipulieren nicht oder verstehen Sie falsch. Die Reaktion eines Tieres auf Sie ist immer authentisch. Dies kann einerseits ein einfaches und harmonisches Miteinander ermöglichen, andererseits Ihnen aber auch verdeutlichen, an welchen Punkten Ihre Kommunikation möglicherweise missverständlich ist. Dies können Sie mithilfe der Tierkommunikation aufschlüsseln. Aber auch der tägliche Spaziergang mit dem Hund oder das Kuscheln mit der Katze zu Hause ist schon eine sehr wertvolle Entspannung.

Für den Körper

12

Ernährung

Die Ernährung hat in den letzten Jahren für viele Menschen an Bedeutung gewonnen. Ungezügelter Bratwurst-Pommes-Zucker-Konsum ist passé, gefragt sind vegetarische und vegane Lebensmittel. Die Zahl der Ernährungsberater/innen steigt beständig und Bioprodukte haben nun auch die klassischen Supermärkte erobert.

Aber warum, jenseits aller Fehlernährung der vergangenen Jahrzehnte, ist eine achtsame Ernährung gerade für Hochsensible so wichtig? Georg Parlow legt dazu in seinem Buch „Zartbesaitet" dar, dass offenbar nicht nur das neuronale, also das Nervensystem des betreffenden Menschen empfänglicher ist, sondern der gesamte Mensch, der komplette Organismus.

Dies bedeutet, dass somit auch die ganze Nahrungsaufnahme und -verdauung einer hochsensiblen Verarbeitung unterliegt. Dies bedeutet, dass das hochsensible System empfindlicher gerade auf die künstlichen und chemischen Stoffe in Nahrungsmitteln reagiert. Je mehr schädliche Bestandteile darin verarbeitet sind, je weniger die einzelnen Lebensmittel zum jeweiligen Nahrungstyp passen, umso stärker belastet wird das feinsinnige System und reagiert entsprechend schneller als das normalsensible System. Allergien oder Unverträglichkeiten sind klassische Anzeichen dafür. Interessante Hinweise auf eine verträgliche Kost kann hier zum Beispiel die Ernährung nach Blutgruppen sowie die Verbrennungs- und Ernährungstypen sein.

© Springer Fachmedien Wiesbaden GmbH, ein Teil von Springer Nature 2021   41
C. Roemer, *Abenteuerlustig & Hochsensibel*, essentials,
https://doi.org/10.1007/978-3-658-35074-1_12

Asiatische Bewegungskünste

Seit die Hippie-Bewegung sich in den 1960ern und 1970ern des letzten Jahrhunderts den fernöstlichen Weisheiten zugewandt hat, haben immer mehr asiatische Bewegungskünste den Weg in unseren westlichen Alltag gefunden. Anfangs nur als technische Übungen vermittelt, finden wir heutzutage immer häufiger die ursprüngliche Verbindung von Körper, Geist und Seele in den jeweiligen Schulen der unterschiedlichen Disziplinen.

Um das aufgewühlte und aktive System eines HSP/HSS wieder zur Ruhe und in den Ausgleich zu bringen, bieten sich folgende Bewegungsoptionen an:

Tai-Chi
Der Vorteil der asiatischen Bewegungskünste ist, dass sie in jedem Alter und in jedem Gesundheitszustand erlernbar sind. Ja, nicht nur erlernbar, sondern auch heilend, denn sie sorgen mit ihren langsamen und fließenden Bewegungen für eine Aktivierung des gestauten Energiefluss' im Körper, das sich anschließend positiv auf das mentale und seelische Wohlbefinden auswirkt.

Für Tai Chi sind die, von Kampfkünsten abgeleiteten langsamen, fließenden und kreisförmigen Bewegungen typisch. Direkter gegenseitiger Körperkontakt wird, wie bei den meisten hier vorgestellten Bewegungskünsten, vermieden. Tai-Chi trainiert Körper, Geist und Atmung.

Qigong
Das Qigong setzt sich aus uralten Übungen der Traditionellen Chinesischen Medizin zusammen. Es ist eine bewegte Energiearbeit, die beruhigt und vitalisiert. Qi steht für Lebensenergie. Gong bedeutet, die beständige Pflege dieser Energie. Das Qigong sorgt für eine Aktivierung der Energien in den Energiebahnen des Körpers, den Meridianen, und kann so mögliche Blockaden und Ungleichgewicht auflösen.

Yoga
Auch das Yoga befasst sich mit der Kunst ausgleichender Bewegungen, die Körper, Geist und Seele miteinander in Harmonie bringen. Mittlerweile hat es das Yoga hierzulande bis in die Krankenkassenprogramme geschafft und ist salonfähig geworden. Yoga vereint in sich Körper- und Atemübungen sowie Meditation und Tiefenentspannung. Es ist für Alt und Jung, für Gesunde und Vorbelastete gut geeignet.

Aikido

Aikido erinnert noch am stärksten an seine Herkunft: die Kampfkunst. Ziel der angewandten Bewegungsformen und Techniken beruhen auf physikalischen Prinzipien von Gleichgewicht, Ausrichtung und Hebelwirkung. Zuweilen wird auch mit einem Holzschwert trainiert.

Sport & Bewegung allgemein

Bewegung baut Stress ab. Letztlich ist es wohl ganz gleich, welche Art von Bewegung Sie wählen. Hauptsache, es wird dadurch nicht neuer Stress erzeugt.

Wenn Stress abgebaut wird, so reduziert dies unter anderem auch den Cortisolspiegel im Blut. Das Blut wird besser mit Sauerstoff versorgt und die Muskeln und Gelenke bleiben beansprucht und gelenkig. Falls Ihnen also die asiatischen Bewegungskünste oder meditative Techniken nicht zusagen, können Sie zum körperlichen Ausgleich auch uns bekannte und vertraute Sport- und Bewegungsarten nutzen, wie Radfahren, Joggen oder Walken, Tanzen, Schwimmen oder Ballsportarten.

Beachten Sie jedoch als HSP/HSS, dass möglicherweise die Gefahr von Langeweile droht, sollte Ihnen die sportliche Aktivität nicht genügend Vielfältigkeit und Komplexität abverlangen. Machen Sie sich bewusst, was für Sie Abwechslung in diesem Kontext sein könnte: unterschiedlichste Bewegungsabläufe, der bereichernde Blick in die unendlichen Weiten Ihres Innern oder die Vielfalt eines Gruppengeschehens zum Beispiel.

Massagen, Wellness & Co.

Verspannungen, erschöpfte Körper und Seelen sind heutzutage leider alltäglich geworden. Inzwischen hat sich um die Linderung derartiger Beschwerden eine ganze Industrie verdient gemacht. Auch hier bietet der Markt mittlerweile eine große Palette unterschiedlichster Angebote, von Aqua-Yoga über diverse Massagearten bis hin zu Zen-Meditation.

Sie als extravertierter, hochsensibler Mensch spüren möglicherweise nicht so schnell, dass Ihr Körper eine Erholungspause benötigt, weil Sie vom äußeren Geschehen stärker beansprucht sind. Um möglichen unangenehmen Auswirkungen entgegenzuwirken, bauen Sie sich kategorische Pausen ein: einen Wellnesstag im Monat, gehen Sie regelmäßig in die Sauna oder sorgen Sie gut für sich in der wöchentlichen Yogagruppe. Neben dem ausgewogenen Stoffwechsel und dem stimmigen Maß an körperlicher Bewegung ist die körperliche Erholung genauso wichtig. Hier können Sie Körper und Seele zugleich baumeln lassen und erfahren wohltuende Zuwendung, die im beruflichen und leider auch allzu häufig im privaten Alltag zu kurz kommt. Als HSP/HSS sind Sie als Höchstleister unterwegs. Unterschätzend Sie daher nicht das Ruhe- und Regenerationsbedürfnis!

Für die Psyche

13

Psychohygiene – Selbstreflexion

Als Psychohygiene noch nicht so verbreitet war wie heute (… und auch heute ist es das nicht überall!), habe ich mir oft Gedanken darüber gemacht, warum es zur körperlichen Pflege und Verschönerung zu hunderten und tausenden diverse Schönheits- und Pflegemittel, Parfums, Cremes und Stifte jeder Couleur gibt, aber gerademal vier(!) psychotherapeutische Methoden bei den Krankenkassen in Deutschland anerkannt sind? Dies drückt fraglos unsere unterschiedliche Wertschätzung bezüglich Körper und Psyche aus. Hier gibt es noch sehr viele Entfaltungsspielräume.

Dieses massive Ungleichgewicht wird auch im Krankenstand deutlich. Laut des Gesundheitsberichts der Techniker Krankenkasse (TK) zum Jahr 2018 liegen Psychische- und Verhaltensstörungen – mit steigender Tendenz – mit Abstand an erster Stelle in den AU-Meldungen. Nicht mit einberechnet sind all jene Menschen, die eine solche Diagnose scheuen, sich gar nicht behandeln lassen oder alternativmedizinische Behandlungen bevorzugen und somit in den Statistiken nicht auftauchen.

Was bedeutet dies? Psychohygiene tut Not! Wollen wir sowohl als einzelne Person als auch als Gesellschaft rundherum genesend den Herausforderungen der Zukunft mit Energie und Elan begegnen, benötigen wir nicht nur ein stabiles Körpersystem, sondern auch eine stabile Psyche.

Die gute Nachricht lautet: Es gibt immer mehr Menschen, die die zunehmende Zahl an Hilfsangebote nutzen. Welche Themen und welche Formen der Unterstützung sind für Sie als extravertierten hochsensiblen Menschen besonders gut geeignet?

© Springer Fachmedien Wiesbaden GmbH, ein Teil von Springer Nature 2021
C. Roemer, *Abenteuerlustig & Hochsensibel*, essentials,
https://doi.org/10.1007/978-3-658-35074-1_13

Beratung

Beratung ist eine Form der organisatorischen Unterstützung. Der Begriff wurde hauptsächlich in der Wirtschaft benutzt, wird inzwischen aber immer häufiger auch im Rahmen psychosozialer Unterstützung angewendet. Hierbei geht es um Hilfestellungen im Alltag, Lebens- oder Finanzorganisation, oder Bildungsberatung, wenn es um Kinder geht. Beratung grenzt sich dergestalt von Therapie ab, dass hier keine tiefenpsychologischen Fragen gestellt und Prozesse bearbeitet werden.

Im Rahmen einer vorliegenden, belastenden Extravertiertheit kann eine Beratung tatsächlich beispielsweise dahingehend hilfreich sein, die Fülle an Projekten, liegengebliebenen Aufgaben oder Unterlagen zu ordnen.

Psychotherapie

Die Psychotherapie widmet sich der Aufarbeitung früher schmerzvoller Erfahrungen, die zu Traumatisierungen oder psychischen Störungen geführt haben. Darüber hinaus können in einer solchen Therapie aber auch Themen behandelt werden, die noch nicht pathologisch auffällig sind, aber den betreffenden Menschen in seinem Lebensgefühl beeinträchtigen.

Die klassischen, von den Krankenkassen übernommenen Psychotherapie-Formen sind:

- Verhaltenstherapie – wird vorzugsweise zur Behandlung von Ängsten und Phobien eingesetzt, zum Zwecke der Entwicklung neuer Denk- und Verhaltensmuster
- Psychoanalyse – ist die älteste psychotherapeutische Behandlungsmethode, begründet von Sigmund Freud und wurde seit rund hundert Jahren in verschiedenen Schulen weiterentwickelt. Hier wird auch durch die hohe Zeittaktung von 2–3 wöchentlichen Sitzungen eine intensive emotionale Beziehung zum Therapeuten aufgebaut, in der sich der Patient seiner tiefen Verletzungen und Konflikte im Gespräch bewusst werden kann.
- Gesprächstherapie – begründet von Carl R. Rogers, hat das Ziel, mit Hilfe einer empathische Haltung des Therapeuten auf Augenhöhe im Gespräch den Patienten als 'Experten' seines eigenen Problems zu sehen und Lösungswege durch den Patienten entwickeln zu lassen. Für Rogers ist die Haltung des Therapeuten wesentlich und der Patient ‚gleichberechtigt‘.
- Systemische Therapieansätze – hier liegt der Schwerpunkt auf den sozialen Kontakten und dem, den Patienten umgebendes System wie Familie oder berufliches Umfeld. Die Schwierigkeiten des Patienten werden als ein aus der systemischen Dynamik entstandenes Problem verstanden, das es wiederum auch nur unter dem Blickwinkel des Systems zu lösen gilt. Systemische Therapie wird inzwischen zum Beispiel häufig in der Familientherapie angewendet.

Darüber hinaus gibt es noch etliche andere therapeutische Verfahren und diverse integrative Methoden, die jedoch nur selten von den Kassen übernommen werden. Nichtsdestotrotz sind viele der therapeutischen Methoden spannend und hilfreich, auch jenseits diagnostischer Störungen. Oder wie der Gestalttherapeut Erving Polster es ausdrückte:

„Psychotherapie ist viel zu schade, um nur Kranken vorbehalten zu sein."

Generell möchte ich zu diesem Themenabschnitt noch anmerken, dass es leider nach wie vor noch nicht genügend kassenärztlich zugelassene Psychotherapeuten gibt, die sowohl über ein klassisches Methodenrepertoire als auch über Erfahrung in der Behandlung hochsensibler Menschen verfügen. Daher lade ich Sie ein, bei Bedarf und Möglichkeit zweigleisig zu fahren: wählen Sie sich eine Therapeutin oder einen Therapeuten und parallel dazu einen Berater oder Coach zum Thema Hochsensibilität. Es wäre von Vorteil, beides in einer Person zu finden, aber das ist leider nicht immer und nicht überall möglich.

Coaching

Coaching kommt als Methode eigentlich aus der Berufswelt und begleitet Führungskräfte, Veränderungs- sowie Organisationsprozesse. Inzwischen findet der Begriff jedoch immer häufiger Anwendung im psychosozialen Kontext. Dort stellt er aus meiner Sicht ein Bindeglied zwischen Beratung und Therapie dar. Je nach ‚Schule' werden die Grenzen stärker oder fließender gestaltet.

Vera F. Birkenbihl, berühmte Kommunikationstrainerin, definierte die Rolle des Coach im Vorwort in Eckart Tolles Buch „Jetzt" auf sehr interessante Weise. Sie sagt, dass wir Menschen schon seit Jahrtausenden *innere Meister* brauchen. Jene inneren Meister sind im besten Wortsinn Gurus, dessen Rolle es ist, dem Menschen Erkenntnisse über sich selbst zu vermitteln. Nichts anderes tut ein Coach. Coach ist der moderne Begriff für Guru. Er vermittelt seinen Klienten das eigentlich Menschliche in jedem von uns und bringt sie auf diesem Weg zu Ein-Sichten, also dem Verstehen tiefer innerer Zusammenhänge, über das rein Faktische hinaus.

Ich halte diese Beschreibung für sehr offen und den modernen Bedürfnissen der Menschen angepasst. Die Frage nach Sinn und Lebensweg beschäftigt immer mehr Menschen. Die Antworten darauf lassen sich jedoch nicht zwingend in einer Beratung oder Therapie beleuchten.

Gerade für Hochsensible, mit oder ohne „Thrill", halte ich diesen Ansatz und diese Möglichkeit der Selbstreflexion für sehr effektiv, denn ihnen geht es in der Regel zu allererst darum, sich selbst, ihre Veranlagung und deren Integration in ihr Leben zu entwickeln.

Heilpraktik

Der Heilpraktiker befasst sich mit unterschiedlichen alternativen und sanften Heilmethoden. Diese können von der europäischen Kräuterkunde über Homöopathie bis hin zu Akupunktur, Chiropraktik oder Bach-Blüten-Therapie reichen. Auch fließt zunehmend Jahrtausende altes fernöstliches medizinisches Wissen in diese Heilkunde ein. Die Heilpraktik wird sowohl bei körperlichen als auch bei seelischen Leiden eingesetzt. Möglich ist dies, da sie einen ganzheitlichen Ansatz, das heißt, Körper, Geist und Seele als eine Einheit verstehend, verfolgt. Welche Methoden konkret angewandt werden, ist abhängig vom jeweiligen Anwender.

Für hochsensible Menschen ist der Weg der sanften Medizin ein sehr hilfreicher. Wie zuvor schon beschrieben, ist der feinfühlige Organismus sehr empfänglich für sämtliche Inhaltsstoffe. Sind diese in ihrer Wirkweise zu intensiv oder grobstofflich, kann das hochsensible System damit Schwierigkeiten bekommen. In unserem Ratgeber ‚*Hochsensibel – leichter durch den Alltag ohne Reizüberflutung*' von Dr. Susann Kirschner-Brouns und mir listen wir im Rahmen einer Art Notfallapotheke etliche Methoden und konkrete Mittel auf. Wer von Ihnen also körperliche und auch seelische Belange lieber auf eine sanfte Art behandelt bekommen möchte, oder bei wem die Schulmedizin nicht weiter weiß, ist mit dem Gang zu einem Heilpraktiker gut beraten.

Selbstwert und Selbstakzeptanz

Ich spreche diesen Punkt an dieser Stelle erneut an, da ich ihn für so eminent wichtig für hochsensible Menschen halte. Immer wieder habe ich mich gefragt, warum wir Menschen es offenbar leichter finden, anderen Menschen Gutes zu tun, als uns selbst? Vielleicht, weil wir von anderen dafür meist ein positives, aufbauendes Feedback erhalten, von uns selbst aber nicht?

Viele Hochsensible machen bereits sehr früh in ihrer Entwicklung die Erfahrungen, in ihrer Art nicht wirklich gesehen zu werden, nicht akzeptiert zu werden, nicht respektiert oder unterstützt zu werden. Ein Kind – und hier das hochsensible als erstes – stellt jedoch zuerst sich selbst infrage und dann erst das ihn verletzende Gegenüber. Passiert dies häufiger oder länger, wird das Selbstwertgefühl massiv untergraben beziehungsweise nicht genügend ausgebildet. Im Erwachsenenalter fehlt dann die entsprechende Selbstakzeptanz. Sollten Sie sich in dieser kurzen Beschreibung wiederfinden, suchen Sie sich zu Ihnen und Ihren Themen passende Unterstützung!

Folgende Schritte können Sie hierfür unternehmen:

- Klärung der körperlichen Stabilität – jahrelange in den „falschen Schuhen gelebt zu haben" hinterlässt auch körperliche Spuren. Es raubt Mengen an Kraft und Ressourcen. Diese gilt es möglichst auszugleichen, bevor Sie sich den psychischen Aspekten Ihre Stabilisierung zuwenden.
- Selbstbeobachtung – allein schon die wertfreie Beobachtung Ihrer selbst, Ihrer Handlungen, Empfindungen und Bedürfnisse, verändert bereits! Das Zauberwort hierbei lautet: wertfrei!

  Im Kontext dessen, dass unsere menschliche Entwicklung nach wachsendem Bewusstsein strebt, weist B. Marciniak in ihrem Buch „Boten des neuen Morgens" darauf hin, dass es für uns zukünftig sehr wichtig ist, Zeit mit uns selbst zu verbringen, auch wenn dies ungewohnt und schwer erscheint und wir uns damit einsam fühlen. Ich betrachte es immer wieder als eine Zeit der Rekonvaleszenz, eine Zeit der inneren Reinigung und Anpassung unseres Lebenskurses an unseren, möglicherweise aus den Augen verlorenen Lebensplan.
- Coaching oder Therapie – nutzen Sie diese Werkzeuge, wenn Sie weiter hinter die Fassaden Ihrer Geschichte blicken und/oder Ihr Bewusstsein über sich und das Mensch-Sein erweitern möchten.
- Lernen Sie, sich selbst Gutes zu tun. Weil Sie es sich selbst wert sind.

Stressbewältigung

Ein extravertierter hochsensibler Mensch zu sein ist herausfordernd! In den unterschiedlichen Abschnitten haben Sie erfahren, warum und wodurch. Deutlich ist dabei auch geworden, dass ein solches Leben Stress erzeugt. Stress, der sich nicht einfach mit einem Training im Fitnessstudio oder einer Meditation am Abend abbauen lässt. Inzwischen gibt es jedoch sehr hilfreiche Methoden, die sich der effektiven Reduzierung von Stress im Körper und im neuronalen System widmen. Ich möchte hier eine kleine Auswahl vorstellen:

EMDR® – Eye Movement Desensitization and Reprocessing
Ende der 1980er entwickelte die Psychologin Dr. Francine Shapiro (USA) diese Psychotherapieform zur Behandlung von Traumafolgestörungen. Das EMDR macht sich die direkte Verbindung der Augen zum Gehirn zu Nutzen, um mithilfe spezieller Übungen (Augenbewegungen) neuronal verankerter Traumaspeicherungen zu lösen. Mittlerweile wird diese Methode im psychotherapeutischen Prozess auch von den Krankenkassen übernommen.

ROMPC® – Relationship Oriented Meridian based Psychotherapy, Coaching & Councelling

Ähnlich wie das EMDR® arbeitet das in Deutschland von den Therapeuten Thomas und Martina Weil entwickelte ROMPC® mit den neuronal gespeicherten Stressinformationen aus (früheren) Traumaerfahrungen. Hierzu kombiniert es neben den Augenbewegungen noch Klopfpunkte aus der EFT®-Technik, Affirmationen und Elemente aus der Transaktionsanalyse. Der zentrale Blick dieser integrativen Methode liegt in den schmerzhaften Beziehungserfahrungen des Patienten und einem positiven Beziehungsaufbau in der Behandlung zwischen Behandler und Patient. Daher lautet das Motto des ROMPC®: Wir sind durch Beziehungen krank geworden und wir werden durch Beziehungen wieder gesund.

MBSR® – Mindfulness-Based Stress Reduction

Stressbewältigung durch Achtsamkeit, das ist der Schlüssel dieser Methode. Warum wirkt es so gut? Der Organismus kommt in Stress, wenn er zu häufig und zu lange in einem Aktivitätsmodus gehalten wird. Stoppe ich diesen Modus, im Volksmund auch Hamsterrad genannt, kann sich der Organismus wieder erholen und der aufgebaute Stress sich wieder reduzieren. Dieser Prozess kann durch Achtsamkeit gezielt angeregt werden.

Dies sind nur wenige Methoden aus dem Feld der Stressreduktion. Es lohnt sich, sich im Internet, in Ihrem Umfeld oder in alternativen Branchenbüchein über weitere Angebote zu informieren.

Spiritualität

Eigentlich bedürfte das Thema Spiritualität mindestens eines eigenen Kapitels. Dieser Raum ist hier jedoch nicht gegeben, aber ich möchte es nicht unerwähnt lassen, da sich immer mehr Menschen aus unserem Kulturkreis diesem Thema öffnen.

Das Wort Spiritualität leitet sich vom lateinischen Begriff „spiritus", das so viel bedeutet wie Geist, Seele, Atem oder Sinn. Spiritualität beinhaltet somit die tiefere Suche nach dem Sinn und Sein des (eigenen) Lebens. Es kann daher auch als eine Bewusstseins-Disziplin verstanden werden.

Auffällig ist, dass es proportional mehr spirituell ausgerichtete Menschen unter den Hochsensiblen gibt als in der normalsensiblen Bevölkerung. Warum ist das so? Aus zweierlei Gründen:

1. Die Feinfühligkeit der Hochsensiblen gestattet es ihnen, die feineren energetischen Schwingungen, also sozusagen die Worte zwischen den Zeilen, wahrzunehmen. Die Antennen Hochsensibler sind auf Feinstofflichkeit ausgerichtet – ein Grund, warum viele hochsensible Menschen, mit und ohne Extraversion, so sehr unter der Grobstofflichkeit unserer Zeit leiden. Feinstofflichkeit bedeutet zum Beispiel Stimmungen und Schwingungen jenseits äußerer Merkmale wahrzunehmen, ein Gespür für Harmonie und Gerechtigkeit, sowie für Ehrlichkeit und Authentizität zu haben.

2. Viele Hochsensible sind an innerem Wachstum interessiert und daher spirituellen Inhalten offener gegenüber. Dies beobachtete auch E. Aron in ihren Interviews und Studien. Der Wunsch nach persönlicher Entwicklung und Bewusstseinserweiterung ist häufig stark ausgeprägt.

Spiritualität ist, neben dem Materiellen, die zweite Seite unserer Realität. Dies erkennen in den letzten Jahrzehnten immer mehr Menschen und so werden spirituelle Themen im Alltag zunehmend selbstverständlicher. Gerade als HSP/HSS haben Sie gute Voraussetzungen, für andere Menschen auch in diesem Lebensbereich Vorreiter und Motivator zu sein.

Für das Miteinander

14

Austausch mit Gleichgearteten

Als HSP/HSS fallen Sie durch Ihre agile, extravertierte Art im Miteinander möglicherweise gar nicht so im Kreise der vielen anderen normalsensiblen Extravertierten auf. Bis auf die kleinen Momente, wo nichts mehr geht, der Overload urplötzlich zuschlägt, Sie schlagartig gereizt oder unwillig sind und nur der Rückzug Abhilfe schafft.

An dieser Stelle endet das Miteinander im Kreise der Normalsensiblen und verständnisvoller Austausch mit Gleichgearteten ist angeraten. Jeder Mensch braucht das Verständnis von anderen, die Gleiches erlebt haben. Daher begeben Sie sich aktiv auf die Suche nach jenen Menschen.

Inzwischen gibt es in verschiedenen Städten Deutschland Gruppen oder Gesprächskreise, Foren oder Facebook-Gruppen im Internet. Aufgrund der Corona-Krise haben sich seit 2020 die Online-Angebote auch für hochsensible Menschen stark erhöht. Wählen Sie das Medium und die Inhalte, die zu Ihnen passen. Ich erhalte hin und wieder Anfragen, ob es in dieser oder jener Stadt solche Angebote gibt. Falls es sie nicht gibt, gründen Sie eines! Genauso ist das *Offene Berliner HSP-Treffen* entstanden – ich wollte mich mit Gleichgearteten austauschen. Falls Sie Fragen dazu haben, wie Sie einen solchen Kreis initiieren können, schauen Sie sich gerne in meinem YouTube-Kanal die Videos zur Gründung von Offenen Treffen und Gesprächskreisen an.

© Springer Fachmedien Wiesbaden GmbH, ein Teil von Springer Nature 2021
C. Roemer, *Abenteuerlustig & Hochsensibel*, essentials,
https://doi.org/10.1007/978-3-658-35074-1_14

Anders im Beruf

HSP/HSS klagen häufig über langweilige Jobs, schwierige Teams, inhaltliche Unterforderung. Dies führt natürlich zu Ärger und Frustration und nicht selten zum sogenannten „Jobhopping". Vieles davon ändert sich in dem Moment, in dem Sie sich über sich selbst sowie Ihre veranlagungsbedingten Bedürfnisse und Möglichkeiten bewusst werden. Erst dann können Sie unstimmige Bedingungen für sich ändern. Die Kunst im Alltag ist es, gangbare Wege zu finden, zu ändern, was Sie ändern können und zu lassen, was Sie nicht ändern können. Und was ändert sich, wenn Sie Ihre Sichtweise ändern?

Für hochsensible Menschen ist die grobstoffliche Berufswelt zugegebenermaßen eine große Herausforderung. In meinem Buch *Perlen im Getriebe – Hochsensibel im Beruf* habe ich mich umfassender diesem Thema gewidmet. Zunehmend zeigt sich aber auch eine Spaltung in der Gesellschaft: jene Menschen und Firmen, die in alten Strukturen verhaftet bleiben – und dazu gehören auch jene, die mit ihren wenig sensiblen Strukturen und Umgangsformen für Hochsensible so schwer auszuhalten sind. Und jene Menschen und Firmen, die sich auf neue Wege begeben, die sich von der alten Ellbogenmentalität verabschieden und sich in Achtsamkeit und Respekt im Miteinander ausrichten. Dort sind Sie als Hochsensibler gut aufgehoben.

Beginnen Sie, neben Ihrer Selbsterkundung sich mit anderen Menschen Ihres Geistes und Ihrer Art zu verbinden und Ihr kreativ-sensibles Knowhow einzubringen.

Setzen Sie sich mehr und mehr aktiv für eine sensible und achtsame Berufswelt ein. Und wer sollte da besser geeignet sein, als Sie? Und Sie! Viele sind bereits auf diesem Weg. Das heißt, Sie sind nicht alleine!

Für die Vielfalt

15

Projekt-Tagebuch

Ich habe einmal gelesen, dass die begnadete Trainerin V. F. Birkenbihl stets an bis zu fünf Projekten gleichzeitig arbeitete und für jedes Projekt einen Schreibtisch nutzte. Nun, auch wenn Sie nicht fünf Schreibtische Zuhause haben, so könnte Ihnen für Ihre verschiedenen Projekte die Idee des „Projektbuchs" von B. Sher hilfreiche Dienste erweisen. Hier einige zentrale Schritte dafür:

Besorgen Sie sich ein schönes, leeres Schreibbuch oder Kladde, ein Buch, das Sie gerne ansehen und anfassen. Legen Sie sich für jedes Ihrer größeren Projekte oder Themenbereiche ein eigenes Projekte-Buch zu (anstelle eines Schreibtisches).

- Trage Sie ein, was Sie jeden Tag machen (keine To-Dos)
- Notieren Sie Ihre Ideen, Entdeckungen, Erkenntnisse, Skizzen oder Zeichnungen, kleben Sie Zeitungsausschnitte ein, eben einfach alles, was zu Ihrem Projekt gehört

B. Sher schreibt dazu, dass allein schon durch die Tatsache, dass Sie sich schriftlich mit Ihren Gedanken auseinandersetzen, Ihr innerer Wert sich selbst gegenüber steigt und sich somit Ihre gesamte Sicht auf sich selbst verändert. Notieren Sie als vermeintlich „sprunghafter" Scanner Ihre Ideen und Inspirationen, erfahren Sie einerseits, wie Ihr Kopf „funktioniert" und andererseits, welche tieferen Zusammenhänge zwischen allem möglicherweise bestehen.

Sher beschreibt sehr detailliert den Umgang mit dem Projektbuch und führt Sie Schritt für Schritt in die Gestaltung dieses Buches.

© Springer Fachmedien Wiesbaden GmbH, ein Teil von Springer Nature 2021
C. Roemer, *Abenteuerlustig & Hochsensibel*, essentials,
https://doi.org/10.1007/978-3-658-35074-1_15

Passende Organisationssysteme

Wer vielseitig interessiert und multibegabt unterwegs ist, braucht unter Umständen gute Organisationssysteme, um sich nicht immer wieder zu verzetteln. Mit dem Projekt-Tagebuch kann dies für Ihre Ideen und deren Umsetzung gelingen. Welche Werkzeuge können den HSP/HSS jedoch in ganz alltäglichen Belangen unterstützen?

Zeitmanagement
Wenn Ihnen die Idee von Zeitmanagement gefällt, so können Sie unterschiedliche Methoden für sich ausprobieren. Wichtig hierbei ist, dass Sie eine Methode wählen, die wirklich gut zu Ihnen, Ihren Bedürfnissen und Lebensumständen passt, die Ihnen so quasi gut „schmeckt". Da es mittlerweile unzählige Methoden gibt, ist eine umfassende Recherche – ersatzweise auch eine Portion Intuition – sowie Geduld und Experimentierfreude hilfreich. Ein gutes Zeitmanagement verhilft Ihnen zu mehr Effektivität, Arbeitsersparnis, überschaubaren Strukturen und schlussendlich zu mehr Ruhe und Gelassenheit.

Ordnersysteme haptisch und digital
Aus meiner Zeit als Familienhelferin sind mir noch Schränke oder Kartons voll unsortierter Post oder Unterlagen meiner Klienten gut in Erinnerung. Oft antworteten sie auf die Frage, wie es zu einem solchen Chaos kommen konnte, dass sie nie gelernt hätten, wie man ein Ordnersystem richtig anlegt. Wenn Sie ein Mensch mit vielen Interessen und Aktivitäten sind, ist ein gut funktionierendes Ordnersystem unerlässlich. Sollten Sie nicht wissen, wie Sie *Ihr* System anlegen wollen, dann finden Sie mittlerweile viele Tipps im Internet oder engagieren sich eine Ordnungs-Fee oder einen Büro-Organisator, der Ihnen dabei behilflich sein kann.

To-Do Listen
In Zeiten übervoller Termin- und Aufgabenkalender sind To-Do-Listen en vogue. Führen Sie bereits welche? Wenn nicht, finden Sie auch hierfür reichhaltig Anregung im Internet oder Literatur. Ich möchte aber all jene zu einem kleinen Experiment einladen, die über ein normal gut ausgeprägtes Erinnerungsvermögen verfügen: Nehmen Sie sich nur so viele Termine und Aufgaben innerhalb einer Woche vor, wie Sie sich sie gut im Kopf behalten können – ohne Merkzettel. Das ist Ihre gesunde Kapazität!

Mehrere Tanzflächen

Als ich meine eigene Hochsensibilität entdeckte, habe ich mich irgendwann auch mit meiner beruflichen Ausrichtung befasst. Mir war bewusst, dass ich nicht nur in einem Bereich nur eine bestimmte Tätigkeit ausüben wollte. Die Berufe Beraterin, Coach, Dozentin und Schreiberling sind zwar bis zu einem gewissen Grad artverwandt, lassen sich aber nicht zwingend in einer Tätigkeit vereinen. Ich brauchte also mehr als eine ‚Tanzfläche'.

Wenn Sie nun Ihre Vielfalt konstruktiv in Ihr Leben integrieren möchten, notieren Sie sich alle Ihre Aktivitäten, Ausbildungen, Erfahrungen und Wünsche. Schauen Sie, in welche Lebens- oder Berufsfelder (Tanzflächen) Ihre Interessen und Kompetenzen passen. Überprüfen Sie nun, ob Sie bereits entsprechend viele Tanzflächen ausfindig gemacht haben oder – und das ist möglicherweise Ihr visionärer Schritt in die Zukunft – verbinden Sie unterschiedliche Aktivitäten zu einer neuen Tanzfläche.

Ob vertraute oder neue Tanzflächen, respektieren Sie Ihre Vielfalt, solange sie Ihnen ein Gefühl der Freude und Lebendigkeit gibt!

Und wenn dann doch alles wieder zu viel, zu verwirrend und überbordend geworden ist, dann gehen Sie wieder zurück auf Start beziehungsweise auf Entspannung …

Was Sie aus diesem Buch mitnehmen können

- Sie erhalten ein tieferes Verständnis der psychologischen Hintergründe einer extravertierten Hochsensibilität
- Sie erweitern Ihren kritischen Blick und finden neue Lösungsansätze
- Sie gewinnen innere Entlastung durch Ihre wachsende Selbsterkenntnis und konkrete Handlungsschritte

Schlusswort

Sind HSP/HSS tatsächlich hochsensible Sensation Seeker? Oder doch „nur" extravertiert? Oder überlagert ein Trauma die feinfühligen Wesenszüge? Diese Fragen können hier nicht abschließend geklärt werden. Dazu bräuchte es weiterer wissenschaftlicher Forschung und Studien.

Da diese jedoch nicht im gewünschten Umfang vorliegen, lade ich Sie zur ältesten menschlichen Wissenschaft ein, die Sie jederzeit anwenden können: die Erfahrungswissenschaft. Beobachten Sie sich, erforschen Sie sich, tauschen Sie sich darüber aus und finden Sie heraus, wer Sie sind und was Sie für ein erfüllendes Leben benötigen. Hintergrundinformationen erleichtern den Erkenntnisprozess, keine Frage. Denn Wissen ist Erkenntnis. Aber die Expertin und der Experte für Ihr Leben sind Sie selbst.

Je wertschätzender Sie mit sich selbst umgehen, je mehr Sie selbst sich die passenden Umgebungen, Menschen und Situationen kreieren, je stabiler Ihr körperliches und psychisches System werden darf, umso besser können Sie auch mit widrigen Umständen in Ihrem Leben umgehen. Ja, es braucht Mut. Aber scheuen Sie sich nicht davor, anders zu sein und dies auch zu zeigen. Erst dann werden auch all die anderen aus ihrer „Deckung" hervorkommen und Sie werden bemerken, wie viele wir eigentlich sind.

© Springer Fachmedien Wiesbaden GmbH, ein Teil von Springer Nature 2021   61
C. Roemer, *Abenteuerlustig & Hochsensibel*, essentials,
https://doi.org/10.1007/978-3-658-35074-1

Quellen, Inspirationen und Links

Quellen

DeGrandpre, R. (2002). *Die Ritalingesellschaft* (1. Aufl., S. 52–53). Beltz.

Marciniak, B. (1998). *Boten des neuen Morgens* (12. Aufl., S. 190, 193). Hermann Bauer KG.

Parlow, G. (2003). *Zartbesaitet* (2. Aufl., S. 60, 76). Festland.

Roemer, C., & Kirschner-Brouns, S. (2017). *Hochsensibel – leichter durch den Alltag ohne Reizüberflutung.* Gräfe & Unzer.

Roth, M., & Hammelstein, P. (2003). *Sensation Seeking-Konzeption, Diagnostik und Anwendung* (S. 1, 14). Hogrefe, Verlag für Psychologie.

Sher, B. (2018). *Du musst dich nicht entscheiden, wenn du tausend Träume hast* (6. Aufl., S. 28, 60). dtv-Verlag.

Birkenbihl, Vera F. – Vorwort in *„Jetzt!"* E. Tolle. https://issuu.com/info-health-generation/docs/eckhart_tolle_jetzt_die_kraft_der_gegenwart_bewuss/s/10773157.

Trappmann-Korr, Birgit – Scanner. https://www.trappmann-korr.de/bibliothek/hochbegabung/hochsensible-scanner/.

Wikidedia Big Five. https://de.wikipedia.org/wiki/Big_Five_(Psychologie).

Inspirationen

Brackmann, A. (2005). *Jenseits der Norm – Hochbegabt und hoch sensibel?* Klett-Cotta.

Kern, A.-B. (2019). *Nahrungsergänzungsmittel für Hochsensible.* BoD.

Roemer, C. (2017). *Hurra, ich bin hochsensibel! Und nun?* Springer.

Roemer, C. (2018). *Perlen im Getriebe – Hochsensibel im Beruf.* Humboldt.

Trappmann-Korr, B. (2011). *Hochsensitiv: Einfach anders und trotzdem ganz normal* (4. Aufl.). VAK.

Webb, J. T. (2015). *Doppeldiagnosen und Fehldiagnosen bei Hochbegabung.* Huber.

© Springer Fachmedien Wiesbaden GmbH, ein Teil von Springer Nature 2021
C. Roemer, *Abenteuerlustig & Hochsensibel*, essentials,
https://doi.org/10.1007/978-3-658-35074-1

Links

Cordula Roemer – Beratung und Coaching für hochsensible und hochbegabte Menschen. http://sensibel-beraten.de.

Cordula Roemer – Hochsensibel Leben – Youtube-Kanal. https://www.youtube.com/channel/UCl2HVj7aDU_viO3TRHTjktQ.

Dr. Elaine Aron – HSP/HSS-Test (USA). https://hsperson.com/test/high-sensation-seeking-test/.

Dr. Tracy Cooper. https://drtracycooper.wordpress.com/2015/04/01/the-sensation-seeking-highly-sensitive-person-hsp/.

Birgit Trappmann-Korr – HSS vs. Scanner. https://www.trappmann-korr.de/bibliothek/hochbegabung/hochsensible-scanner/.

Frankfurter Ring – Meditation. https://frankfurter-ring.de/veranstaltung/die-schule-der-meditation/.

Anne Heintze – Hochsensibilität vs. Hyperviliganz (D). https://open-mind-akademie.de/hypervigilanz-unterschied-angeborere-hochsensibilitaet-oder-traumafolge/.

Aktive Meditationen – Erläuterungen. https://www.lichtkreis.at/wissenswelten/über-meditation/aktive-meditation/.

Ronald Kah – Binaurale Beats. https://ronaldkah.de/binaurale-beats/.

Gesundheitsbericht der TK 2018. https://www.tk.de/resource/blob/2060908/b719879a6b6ca54c1f2ec600985fb616/gesundheitsreport-au-2019-data.pdf.

Ordnersystem – Tipps & Tricks. https://www.sekretaria.de/bueroorganisation/organisation/ablage/.

Printed in the United States
by Baker & Taylor Publisher Services